K. VERSNAEYEN

L'ART ANCIEN

AU TROCADÉRO

Exposition universelle de Paris. — 1

ILLUSTRATIONS PHOTOGRAPHIQUES

PAR E. LETELLIER

LE HAVRE

IMPRIMERIE LEPELLETIER

1880

L'ART ANCIEN

AU TROCADÉRO

Extrait de la REVUE PHOTOGRAPHIQUE

Organe officiel

de la Société française des Archives photographiques,
historiques et monumentales.

K. VERSNAEYEN

L'ART ANCIEN

AU TROCADÉRO

Exposition universelle de Paris. — 1878.

ILLUSTRATIONS PHOTOGRAPHIQUES

PAR E. LETELLIER

LE HAVRE

IMPRIMERIE LEPELLETIER

1878

I.

Gagner plusieurs siècles d'âge, tout en restant jeune, doubler de virilité malgré cette vieillesse, c'est l'heureux sort réservé à ceux qui savent l'histoire. Quand on vit dans le passé, on entre presque dans l'avenir.

Cette force de l'histoire est la raison qui en fait rechercher l'étude avec tant d'avidité dans certains milieux ; il y a beaucoup de branches historiques, et toutes ne sont pas appréciées de tous. Aucune, pourtant, n'est assez stérile pour qu'il soit permis d'en négliger la culture.

Si l'histoire politique nous fait connaître la marche de l'humanité, ce n'est que dans son ensemble. L'enseignement qu'on y puise est immense, il est vrai ; mais il est incomplet si l'on ne peut étudier, en même temps, les parties diverses qui constituent la vie des peuples.

Une de ces parties les plus intéressantes, puisqu'elle nous montre le peuple producteur, c'est l'histoire de l'art.

Si le génie de la guerre, ou plutôt la brutalité des armes, a souvent contribué à la formation des nations, le génie du travail, le seul fécond, les a faites grandes.

C'est pourquoi l'art, dans ses manifestations variées, nous

montre les peuples en possession d'eux-mêmes, sous toutes les formes de leur esprit multiple. Les musées publics, depuis longtemps déjà, ont permis aux spécialistes d'y consulter les documents nécessaires à leurs études ; mais les séries accumulées là, ont toujours eu un système ou parti pris qui a présidé à leur réunion. L'Exposition universelle de Paris, si belle dans toutes ses divisions, qui a convoqué, sous ses vastes arcades, les gloires du génie producteur du monde moderne, a donné une place superbe - celle qui domine ce merveilleux palais du travail - à la puissance créatrice des temps passés.

Là se trouvent les réunions des objets d'art des collectionneurs le plus en vogue, des archéologues les plus instruits, formées sans autre préoccupation que la recherche du beau et du vrai à chaque époque.

Paris est peut-être la seule ville capable d'une exposition rétrospective pareille, parce que nulle autre ne se trouve, comme cette cité unique, dans les conditions exigées pour la réussite d'une entreprise si courageusement conçue et si somptueusement couronnée de succès.

En effet, Paris est devenu, depuis quelques années déjà, le centre des opérations artistiques du monde entier. Au point de vue de la concentration, la grande ville est une halle artistique ; au point de vue de la spéculation, une bourse artistique. Chacun s'y éprend, dès l'âge de discernement, d'un amour effréné pour les monuments de l'art ancien. Petit à petit - car dans la curiosité, comme dans toute chose, on doit faire son apprentissage - on s'y est formé un goût sûr et raffiné, qui s'est étendu à la longue aux départements, à tel point que Paris est la seule localité, en Europe, où il existe réellement une école du collectionneur. Quiconque n'a pas été à cette école-là, ne comptera jamais dans le monde des amateurs d'art.

Aussi l'Exposition du Trocadéro dépasse-t-elle toutes les autres exhibitions rétrospectives organisées jusqu'ici. Ce sera pour M. de Longpérier, l'éminent archéologue, un titre de gloire bien durable que d'en avoir été le principal ordonnateur.

On éprouve pourtant certain embarras à rendre compte de cette exposition. L'absence de méthode dans le classement, le mépris de toute marche chronologique, sont de fâcheux défauts. Il était impossible, assure-t-on, de les éviter, à cause de l'obligation de tenir les diverses collections réunies dans leurs vitrines spéciales. Mais ces défauts (ils sont heureusement les seuls qui puissent donner prise à la critique) rendent le désir de procéder avec ordre et régularité bien difficile à réaliser. Nous serions tenté, tellement il faut faire des sauts de période et de spécialité dans ces riches compartiments, de nous laisser aller, au courant de la plume et des idées, à nous occuper des objets qui frappent le plus notre esprit ou nos goûts artistiques personnels, au fur et à mesure de leur rencontre; mais le lecteur nous saura gré, sans doute, de nous efforcer d'être méthodique et de l'aider à diviser son attention, tout en lui permettant de la reposer, — ce qui n'est point à dédaigner, eu égard à l'espace et à la distance des époques que nous aurons à parcourir avec lui.

Nous prendrons l'art, non pas à son berceau — puisqu'il a eu des formes barbares et diffuses — mais à la naissance du beau. L'art antique grec, source divine, éternelle, inépuisable, sans égale, brille là de tout l'éclat de son incomparable génie.

L'époque romaine, depuis ses sommets artistiques que les Grecs lui ont permis d'atteindre, jusqu'à la décadence que ses mœurs, ses guerres, ses despotes, lui ont forcé de subir, s'y trouve représentée par des spécimens capables de fixer, à euxseuls, l'histoire intellectuelle et artistique de tout un peuple.

Là, dans ces deux époques distinctes et néanmoins étroitement reliées entre elles, l'antiquité grecque et l'antiquité romaine, nous verrons les trésors exposés par MM. E. André (1),

____

(1) Nous suivons l'ordre alphabétique pour ne pas marquer nos préférences dans un simple énoncé de noms.

Bellon, Constantin Carapanos, Courajot, Dassy, De Breuvery, Dutuit, de Hirsch, de Vogué, Mme la comtesse Dzialynska, MM. Ant. Etex, Benjamin Fillon, Mlle Fillon, MM. Foudrignies, Julien Gréau, Gaston Le Breton, Lecuyer, Lemmé, Paravey, Piot, O. Rayet, Seillière, Sorlin-Dorigny et d'autres encore, sans en excepter les collections publiques.

Puis, après avoir quitté, pour quelque temps, les traditions artistiques pures, pour ne nous occuper que d'une branche auxiliaire de l'histoire, la numismatique - une des plus importantes - qui nous mettra en présence des collections de monnaies et médailles : *Gauloises* de M. Robert, *Grecques et Romaines* de M. Dutuit, *Mérovingiennes* de M. Ponton d'Amécourt, *Carlovingiennes* de M. Gariel - un numismate aussi savant que modeste et complaisant - *Royales françaises* du même, nous entrerons dans ces périodes de sentimentalisme, de mysticisme, de rigorisme, qu'on appelle : « Epoque byzantine et Epoque moyen-âge. » Nous y ferons la connaissance du prince des collectionneurs, M. de Basilewski dont le haut goût et les convictions artistiques ont si souvent stimulé l'ardeur de ses confrères. MM. Bligny, Bonaffé, Davillier, Delaherche, de Ganay, Foulc, Gavet, Victor Gay, Gréau, Lair, Maillet du Boullay, Odiot, Spitzer, Rothschild, Vaïsse, marchent fièrement à côté de lui.

Après avoir fait, dans les vitrines de ces collectionneurs, une instructive excursion dans l'époque qui commence, aux dernières limites de la civilisation romaine, par les productions de l'art byzantin pour finir à cette belle période gothique dont chaque œuvre, par sa grâce, sa candeur, sa touchante naïveté, est un bijou, nous entrerons dans un monde où la fin du moyen-âge laisse entrevoir une civilisation nouvelle. Alors nous verrons revenir l'art au classicisme pur, sous cette étonnante renaissance italienne qui jette son dernier éclat avec Benvenuto Cellini et va s'éteindre dans l'école de Fontainebleau en changeant de nationalité.

Ce que MM. Armand, Davillier, Gustave Dreyfus, Dutuit, Fau, Charles Ephrussi, Gavet, Aloïss Heiss, Piot ont dépensé d'argent,

de patience, de malice, de diplomatie - et quelquefois de fai-
blesse aussi - se devine en voyant ces ensembles délicats et
de trouvaille si difficile. Depuis la médaille et la plaquette, spé-
cialités dont le regretté M. His de Lassale, MM. Timbal, Piot
et Wasset (on déplore l'absence de ce dernier au Trocadéro)
ont fait naître le goût - qui ne s'est malheureusement pas assez
transmis encore, quoiqu'il tende à se développer - jusqu'aux
bustes, bas-reliefs et monuments plus importants, on trouve,
par l'exposition de ces amateurs zélés, l'occasion de sonder
les profondeurs du génie de ces maitres qui ont su créer tant
de chefs-d'œuvre, sans se préoccuper de l'importance ou de la
dimension de leurs productions. Petit médaillon ou statue
équestre, tout sortait grand de leurs mains.

Dans la partie qui commence au moyen-âge pour finir vers la
fin du seizième siècle, (1) nous admirons dans les salles du Trocadéro des monuments merveilleux concernant l'art du mobi-
lier, de la tapisserie, des enlumineurs-illustrateurs de manuscrits et de livres, des anciens facteurs d'instruments de musique, des verriers, des orfèvres, des médailleur , des graveurs
de matrices-sceaux, des relieurs, des émailleurs. Les heureux
propriétaires de ces monuments (nous ne citerons pas les
noms de ceux que nous avons signalés, à plusieurs reprises déjà)
sont MM. Allard, Antiq, Bardini, Barre, Baur, Benazet, Beur-
deley, Bonjour, Buffeteau, Charvet, Chatel de Lyon, Collin, de
Beaumont, Decloux, Dedos, d'Egville, de la Baume-Pluvinal,
de Longpérier, de Longpérier-Grimoard, de la Renaudière, de
Janzé, de Morgan, de Sartiges, de Salverte, de Quinsonnas,
d'Haussonville, Dugast, le duc de Rivoli, de Wazier, Dzialynski,
Erlanger, Ecosura, Gallay, Garcin, Gindroz, Goldschmidt,
Hébert, Hoffmann, Hubert, Lagarde, Lamoureux, Laclanché,
Le Comte, Lepic, Désiré Levy, Locquet, Loewengard, Lormier,
Loup, Mannheim, Nottet, Rollin et Feuardent, Tolbecque, Wil-
lems, Mme Nathaniel de Rothschild, Mme des Isnards-Suze.

A côté des arts qu'on pourrait appeler « les arts d'agrément,

---

(1) Elle va même jusqu'à l'époque de transition : Henri IV - Louis XIII.

de luxe ou de paix,» nous voyons comment les objets destinés à
là guerre avaient aussi leurs divins maîtres. Il suffit pour cela
de s'arrêter aux éblouissantes collections de MM. F. Spitzer,
W. Riggs, de Rothschild, le Capitaine Dupasquier, Basilewski,
Czartorisky, Dzialynski, Maillet du Boullay.

La belle suite d'armes, exposée par M. Henry, comprend l'é-
poque qui s'étend de Louis XIII à 1789, et nous fait accomplir,
à travers les temps, un bond qui finit où l'Exposition du Trocadéro finit elle-même.

Il en est ainsi des nombreuses pièces appartenant aux
groupes compris dans les divisions des faïences, porcelaines et
céramiques. Depuis les productions des maîtres de la Renaissance italienne, des artistes français, sous Henri II, qu'on peut
appeler « les ciseleurs de la terre, » de ces sublimes « pétris-
seurs de pâte » dont Palissy ouvre la brillante pléiade, jusqu'aux
derniers échantillons de faïences et porcelaines de Rouen,
des Moustiers, de Delft, de Saxe, de Nevers, de St-Amand, de
Chantilly, de Menecy, de St-Cloud et de Sèvres, tout y présente
de l'intérêt. Par les remarquables spécimens appartenant à MM.
Basilewski - encore et toujours - Georges Berger, Ch. et
Robert Davillier, de Longpérier, de Liesville, de Rothschild,
Dupont-Auberville, Duvergier de Hauranne, Fau, Fétis, Gasnault, Gavet, Gay, Jules Gréau, Th. Habert de Troyes, Jourde,
Maurice Kann, Comte Lair, Lange, Legeal, Docteur Mandl,
Martin, Michelin, Milet, Lefrançois, Georges Schlumberger, Pa-
trice Salin, Vincenot, Mlle Grandjean, Mlle Périllieux, on pour-
rait construire une histoire complète de la céramique.

Nous pouvons entrer sans préambule, à cause des sauts que
les séries susmentionnées nous obligent à faire, dans la partie
de l'exposition où nous voyons, un peu pêle-mêle (peut-être
trop) les objets appartenant aux dix-septième et dix-huitième
siècles. Dès lors, nous quittons les régions austères, l'art in-
time, si nous pouvons nous exprimer ainsi, pour entrer dans le
domaine de ce qu'on est convenu d'appeler: le bibelot. On y
trouve la note agréable, tendre, gaie - celle que tout le monde
comprend - comme qui dirait ces bons petits rayons de soleil que

chacun aime ! Rabelais ou Régnier, après Shakespeare ou Gœthe ; Alfred de Musset, après Victor Hugo.

Pour être plus près de nous, cette époque n'est pas à dédaigner. Elle a servi spirituellement tous les goûts ; si elle charme de préférence les boudoirs et les salons de l'élégance, on ne doit pas oublier que nous devons à cette période de grâce, de laisser-aller et de finesse, des artistes qui ont suivi bravement, avec un reflet de leur temps, les grandes voies artistiques : Roland, Puget, Pigalle, Houdon, Greuze, Van Loo, Boucher, Fragonard, Isabey sont des artistes qui parlent encore à l'âme ; Petitot, Carême, Watteau, Dumont, Hall, Drouais, Vestier, Laurent, Soiron, Thiboust, Heinsius, Nini, Augustin, van Blarenbergh, sont des maîtres dans l'art de parler aux yeux.

Les jolis bustes, les coquettes bonbonnières, les ravissantes miniatures, les petits meubles mignons, les adorables boîtes et coffrets, les pièces d'orfèvrerie aux gracieux contours, les belles reliures, les montres superbes abondent dans cette section. Parmi les collectionneurs qui y brillent, nous citerons : MM. Bligny, Cahen d'Anvers, Martin Coster, Damaschino, Gustave de la Hante, Delamotte, de Pelligny, de la Roche-Lacarelle, Dubois, Dutuit, Gariel, Josse, Maze-Sencier, Noirot, Olivier, Eug. Paillet, Rogier, Royer-Portalis, Petit, Rouquette, Strauss, Vanier-Chardin, Vincent, Mmes de Rochambeau, de Soultrait, Patrice Salin, Récamier, Mlle Ramadié.

Ce coup d'œil rapide suffira, sans doute, pour donner une idée de l'ensemble de l'art ancien au palais du Trocadéro, et pour juger de toute son importance.

Après l'avoir vu, pour ainsi dire à « vol d'oiseau », après avoir donné l'aspect de ses grandes lignes, et après avoir introduit les princes de la curiosité - sans tenir compte de leur rang - nous nous trouvons à l'aise maintenant pour entrer dans les détails.

II.

Notre travail, comme on peut en conclure par le chapitre précédent, sera divisé en cinq parties distinctes, afin d'observer l'ordre chronologique de l'histoire de l'art, dont les organisateurs de l'Exposition du Trocadéro n'ont pu tenir compte :

1º L'art antique ;

2º L'art au moyen-âge ;

3º L'art gothique ;

4º La Renaissance italienne et la Renaissance française ;

5º La décadence de l'art jusqu'à la fin du XVIIIe siècle.

Comme nous l'avons déjà dit, il ne nous appartient pas de rendre compte des époques primitives, puisque nous ne voulons prendre l'art qu'à partir de la naissance du beau. Il nous faudra passer simplement, sans nous y arrêter, à côté des objets anciens des périodes antérieures à la grande manifestation artistique, les monuments gallo-romains, francs, mérovingiens et autres qui ont une si grande valeur scientifique. Contentons-nous de citer les expositions si remarquables des musées de Rouen, d'Orléans, de Falaise, d'Annecy, de Neufchâtel en Bray, de Pesth (Hongrie) de la Société des sciences de Vitry-le-Français, de la Société polygmatique de Vannes, de MM. Raoul Guérin, le Docteur Lecocq, E. Fourdignier, Léon Landau, Bertrand, le Comte Cossé Brissac, le Docteur Olivier (de Digne), Desnoyers, E. d'Arcy, Dumoutier, Toutain, Mazeville, P. Delhomel, de Vauquelin, de Glanville, R. Pottier, Th. Habert, le Docteur Gros, Costa, de Beauregard, Morel, le marquis de Vibraye, Piette, Chapelain-Duparc.

A peine pourrons-nous accorder une mention spéciale à M. Gustave Schlumberger, l'actif et dévoué secrétaire général du Trocadéro, qui nous fait connaitre ses bas-reliefs assyriens du IXe siècle avant J.-C., représentant les scènes de l'expédition de Salmanazar II en Syrie et en Phénicie lors de la guerre des Assyriens contre Azaël, roi de Damas, à l'occasion de laquelle Jéhu, roi de Juda, paya tribut au souverain d'Assyrie (18e année du règne de Salmanazar)

Le grand art antique, celui dont on doit s'inspirer sans cesse pour voir juste et vrai, est largement représenté. La statue de Jupiter du musée de Lyon, celle de Viel-Evreux, l'Apollon trouvé à Vaupoisson (Aube) et appartenant au Musée de Troyes, commandent l'admiration par la pureté du style et de la forme, la simplicité grandiose des lignes scupturales et de la pose. Tout artiste devrait en posséder des photographies, afin d'avoir constamment sous les yeux ces modèles de correction, de vérité et d'ampleur.

Il en est de même des bustes de Mme la comtesse Dzialynska, de MM. Dutuit et de Breuvery, qui sont tous d'une finesse et d'une grâce exquises ; ils témoignent hautement du goût artistique qui a présidé à leur réunion.

Les pièces envoyées par MM. Rollin et Feuardent n'ont pas la même importance. On peut simplement les considérer comme des spécimens intéressants, émanant d'artistes secondaires à une époque où le médiocre faisait exception.

Le buste de bronze du musée de Coutances n'est pas seulement une merveille au point de vue artistique, mais c'est encore une révélation pour ceux qui étudient les procédés. On se trouve ici incontestablement en présence d'une cire perdue de premier ordre, et nous ne croyons pas qu'il existe beaucoup d'échantillons de cette manière de faire. En tout cas, sur d'autres elle n'est pas visible ; la patine que le temps a parfois rendue bien épaisse, la cache probablement : ici on voit les traces évidentes de la manipulation, et personne ne saurait mettre en doute que l'auteur de cette œuvre unique l'a livrée telle qu'elle est sortie de son moule tendre, pressée aux doigts, sans retouche aucune, franchement, comme il l'a conçue.

Et puisque nous parlons de révélation, pourquoi ne pas en dire autant des terres cuites de Tanagra? Les ventes qui se sont succédé à l'hôtel Drouot - en si grand nombre malheureusement - depuis les premières découvertes, et qui ont donné une vaste carrière aux spéculations, nous avaient bien fait connaître cette branche importante de l'art populaire dans l'antiquité. De temps à autre on a vu paraître quelques jolis échantillons, mais jamais on n'avait pu apprécier une réunion aussi belle de figures et statuettes. C'est probablement ici le cas, comme toujours : les pièces les plus remarquables ont été enlevées, de première main, par les amateurs qui ont pu faire des sacrifices et choisir à leur aise.

M. Lecuyer est, sans doute, un de ces délicats. Signalons comme autant de bijoux lui appartenant : une statuette de Mercure; un Satire assis à côté d'un terme de Priape; un beau Sphinx; une figure d'Eros d'une finesse surprenante; une autre qui se rejette en arrière, d'une grande originalité de mouvement; un petit groupe d'Hercule et d'Omphale; une jeune fille (acrobate) sautant à travers un cerceau; une femme voilée, assise, regardant les pommes d'or; un Silène grimaçant, tenant sur ses genoux Dyonisos, enfant, qui crie et se démène, d'une expression si étonnante; Aphrodite jouant avec Eros; une Sirène portant une Ménade; une grande figure de Pagaë, et un joli groupe d'Aphrodite, Anadyomène et Eros.

L'ensemble de M. O. Rayet est tout simplement merveilleux.

On y trouve, entre autres, une demi-douzaine de grotesques étourdissants de facture et d'esprit; une petite fille au coq, d'une grâce charmante; un Silène, d'une vigueur peu commune, et surtout une Bacchante qui est, sans contredit, la plus belle statuette de l'Exposition.

On n'en finirait pas si l'on devait énumérer les vitrines de M. Paravey, l'heureux possesseur d'une statuette intacte en argent. Tout ce qu'expose cet amateur distingué : vases, bronzes, marbres, est de premier ordre. Parmi ses belles terres de Tanagra nous avons surtout remarqué une petite figure - femme debout appuyant sa tête sur sa main — qui porte des traces de couleur verte. Nous voyons, d'ailleurs, des traces semblables, moins accusées, ainsi que des restants de dorures, sur d'autres figurines à l'Exposition; ce qui prouve que le goût du polychrome s'attachait même à la terre cuite, matière commune pour une époque si opulente de l'antiquité.

MM. Bammeville, G. Belon, Hartmann, Gustave Dreyfus et Julien Gréau possèdent aussi des statuettes et figures de Tanagra remarquables. Ce dernier s'en est donné à cœur joie : on dirait vraiment qu'il a acheté des trouvailles entières pour n'en conserver que les perles.

En examinant dans ses vitrines ces groupes inimitables de Daphnis et Chloë, de Vénus et l'Amour, ne dirait-on pas des Watteau des temps anciens ? Il n'y manque que les gazons, les arbres et les fouillis. C'est peut-être avec intention que M. Gréau a mis un grand Eros (statuette provenant de Thespies) au milieu d'un groupe de figures de femmes aux poses amoureuses et agaçantes. Elles sont gracieuses au possible ; il est à remarquer surtout que c'est par des qualités aimables que se distinguent les statuettes en terre de Tanagra : ne pourrait-on pas dire que ce sont les Grévin de la Grèce, même les Fragonard du temps, qui ont voulu nous montrer les attitudes de leurs nymphes pécheresses? La statue de l'amour, au milieu d'elles, dans l'exposition de M. Julien Gréau n'est pas, en tout cas, de nature à faire croire que nous assistons à une assemblée de vertus farouches.

Quoiqu'il en soit, la terre cuite dans l'antiquité avait des praticiens habiles qui prouvent qu'à cette époque toutes les expressions de l'art, depuis le genre sérieux jusqu'au genre amusant et joli, ont trouvé des maîtres. Entre un marbre de Praxitèle et une statuette de Tanagra, il n'y avait pas - tenant compte du genre - le relâchement que l'on constate de nos jours entre une œuvre de Rude, par exemple, et une œuvre de Carrier-Belleuse. On n'y remarque jamais le moindre oubli des nécessités de l'art avec lesquelles un sculpteur ne peut jamais transiger : la différence de la note ne doit être que dans le sujet. Le dessin d'une vierge exige la correction et le respect de l'art, tout comme le minois d'une actrice ou d'une belle du jour.

Et puisque nous en sommes à M. Gréau - il s'agit de son exposition, bien entendu - ne le quittons pas. Il est inépuisable : nous voyons chez lui un grand vase funéraire en terre cuite de style italo-grec, trouvé dans un tombeau, à Canosa, autrefois Canusium (Italie méridionale), - la figure principale sur le devant est la personnification des dangereux écueils de Scylla - et un autre vase funéraire à bordure d'ornements, surmonté d'une colonne ; une tête de Faune, également en terre cuite ; trois bustes en bronze (Jupiter, Minerve, Neptune) provenant d'un autel en marbre découvert à Vienne (Isère) ; une statuette intacte provenant des fouilles de Reims ; une figure d'impératrice distribuant des largesses, manquant de style et de caractère, mais très belle d'ensemble et d'originalité - c'est un spécimen important de sculpture à combinaisons de marbres différents ; un Pan-Capripède (le grand reproducteur) en marbre ; une Stèle égyptienne, représentant Cynocéphale assis, symbole du parfait équilibre, consacré à Thot, le Dieu à tête d'Ibis, en basalte noir ; des plaques en porcelaine émaillée ; un Jupiter-Sérapis en émail rouge vitreux ; des verres à gravures d'or ; des vases ; des anses de vases ; des miroirs ; des statuettes ; des balances romaines ; des fragments et des figures sans nombre, enfin tout un musée, au sujet duquel on pourrait écrire un livre volumineux.

Les armoires de M. Dutuit - qui fait toutes les époques et

que nous retrouverons plus tard encore – contiennent des
objets antiques et variés qui dénotent un goût d'archéologue fin
et délicat. M. Eugène Piot expose une jambe de statue monu-
mentale ; M. Vollon, une main, qui est aussi un fragment
d'une œuvre de grande dimension. Mais au point de vue de
l'étude de l'antiquité, c'est incontestablement la collection de
M. Constantin Carapanos qui offre le plus d'intérêt.

On y voit tout ce que les fouilles organisées en Epire par ce
zélé et savant antiquaire lui ont fait découvrir : des armes, des
casques, des débris d'armures, des ex-voto nombreux de
l'oracle de Dodone, parmi lesquels un fallus à inscription offert
par une famille descendant de Cassandre la Troyenne, et un
autre d'un vainqueur après une bataille navale ; des géniastères
(jugulaires), une roue dédiée à Dioné (iii° siècle avant J. C.) des
fragments de plaques à ornements, des vases, des trépieds, des
agrafes, des bracelets, des épingles, des aiguilles, des spatules,
des couvercles, des supports, des strigiles en fer, des fragments
de patères, des statuettes d'Ammam, des inscriptions qui sont un
livre ouvert de l'histoire de l'époque, telles que des sentences,
des décrets des molosses, des actes d'achat et d'affranchissement d'esclaves, des demandes à l'oracle, des offres de pré-
sents consacrés au temple de Jupiter à Dodone par Pyrrhus,
roi d'Epire, à l'occasion de ses victoires sur les romains et
leurs alliés, etc., etc. Tout serait à détailler dans cet ensemble
si complet ; mais M. Carapanos, heureusement, est un archéologue qui ne travaille pas seulement pour réunir des richesses
monumentales de l'art antique : il les décrit encore dans une
publication superbe que le monde savant saura apprécier à sa
juste valeur.

Nous tenons cependant à signaler particulièrement une jugu-
laire splendide : Pollux terrassant Lycéen – Scylla, dont le
corps se termine par deux chiens et deux grandes queues de
poisson – le style de cette pièce se trouve rehaussé encore par
cette superbe patine que distingue tous les objets provenant
des fouilles de l'Asie-Mineure ; un bas-relief en marbre d'un
beau mérite sculptural, représentant Hercule tirant de l'arc

sur les oiseaux de Stymphale. On peut donner à cette œuvre, le vᵉ siècle avant Jésus-Christ, comme date approximative de sa production, et Corinthe, comme lieu de sa création.

Les camées de M. Carapanos sont, avec ceux de M. Montigny, les plus beaux de l'Exposition.

Pour nous amener vers une époque de la décadence romaine, les ornements en bronze trouvés en Bithynie (Nicodémie) dans les ruines d'un palais de Dioclétien (iiiᵉ siècle après Jésus-Christ), n'en ont pas moins une grande importance.

C'est, dit-on, à M. de Longpérier que revient l'honneur – comme tant d'autres – d'avoir découvert que ces pièces appartenaient à un char de parade. M. Carapanos s'est mis à étudier, de concert avec son érudit et infatigable collègue, ces accessoires précieux qui paraissaient, au premier abord, provenir plutôt d'un jeu de service d'eaux que de toute autre chose, et il est résulté des recherches de ces deux adorateurs de l'antiquité cette étonnante reconstitution d'un char impérial romain à quatre roues, que les visiteurs de l'exposition du Trocadéro contemplent avec tant d'intérêt et de curiosité, sur son ingénieuse et simple monture qui ne permet plus le moindre doute à personne.

En examinant un ensemble d'objets d'art de cette importance, on peut aisément se rendre compte de l'état de la civilisation, de l'organisation de la société, de sa richesse, des mœurs et des usages de toutes les classes, et surtout de la grandeur intellectuelle d'un peuple qui a su créer et encourager la production de tant de chefs-d'œuvre de destinations diverses.

Et il y a des gens qui disent que les collectionneurs sont des maniaques. Pauvres ignorants !

———

III

Nous quittons les manifestations du grand art et la constatation des mœurs, des usages et de la vie publique de l'antiquité, en nous éloignant de la collection de M. Carapanos.

Les objets d'art que nous ont légué les siècles qui suivent le haut empire romain, nous font voir clairement la décadence continuelle de la société. On peut la suivre, pas à pas, cette décadence, et reconnaître les effets des événements politiques, l'influence de l'état social sur la production des œuvres d'art, témoins irrécusables qui ne trompent jamais. La dissolution des mœurs, la diminution des richesses par des prodigalités et des dissipations coupables, les guerres continuelles des Césars de haut et bas calibre, les luttes et les persécutions religieuses nous font assister au triste spectacle d'un vaste et splendide empire qui s'éteint lentement par les fautes sans nombre que font commettre l'éblouissement des grandeurs et les suggestions des fortunes factices, livrées au bon plaisir de castes privilégiées.

Nous marchons ainsi de chute en chute, jusque vers l'époque où Byzance devient la capitale de l'empire en prenant le nom de Constantinople, d'après son vaniteux édificateur que l'histoire appelle Constantin-le-Grand. Ici se trouve le point de départ d'une nouvelle étape artistique. Nous ne rentrons pas dans

les traditions de la grande époque, malgré certaines tendances ;
loin de là, mais on voit sur les œuvres, en dépit d'une sorte
d'empreinte barbare, tant de caractère personnel, tant de sincérité touchante, qu'on s'attache à cette manifestation artistique, qu'on s'éprend même de cette grave naïveté, dont la foi
est la principale inspiratrice. Le christianisme se trouve tout
entier dans l'art byzantin. Il n'y a presque plus de société ci-
vile : on le sent dans ces œuvres de culte et d'adoration. Tout
est absorbé par la foi, qui a créé une ère nouvelle et partant
un art nouveau. Le luxe de l'église s'était accru en raison de
l'appauvrissement du croyant qui avait perdu ou abdiqué ses
droits d'autrefois. Il fallait du prestige à cette souveraineté
sans partage, et l'art chrétien devient vraiment un art somptueux. L'archéologie, tout comme l'histoire politique, obéit à
certaines fatalités, ou plutôt à certaines lois qui reviennent,
sous des formes différentes. Le paganisme avait eu son tour, le
christianisme devait avoir le sien ; c'était dans l'ordre : la foi
dominera toujours ou renversera toujours les civilisations.

En tous cas, l'art à l'époque byzantine était éblouissant,
sinon dans ses formes, au moins dans ses intentions. Il est
facile d'en convaincre, même un Philistin, en passant en revue
ces belles choses envoyées au Trocadéro par plusieurs amateurs.

De l'exposition de M. Basilewski, on devrait presque
tout citer, puisqu'on n'y trouve que des pièces de premier
ordre. Ses ivoires, ses bois sculptés, ses objets d'orfévrerie,
qui prouvent que l'art s'exerçait de préférence sur toutes les
matières sculpturales, peuvent servir de modèles à ceux qui étudient l'art. Comme ces pièces sont toutes publiées dans un
superbe et coûteux ouvrage dont M. Basilewski a fait les frais,
nous en mentionnerons seulement quelques-unes, tout en mani-
festant le regret que son heureux possesseur ne permette
pas de laisser reproduire par la photographie (le seul art qui
les rende scrupuleusement) des chefs-d'œuvre indispensables
à l'archéologie. C'est de quoi regretter que tant de trésors,
visibles dans certaines circonstances seulement, soient une

propriété particulière. Quand donc les grands seigneurs, jaloux à juste titre des merveilles que leur fortune leur a permis d'acquérir, comprendront-ils que la photographie, ce puissant vulgarisateur, qui met pour ainsi dire l'objet d'art à la portée de chacun, ne peut prêter aucun secours à la fraude ou à la contrefaçon ? C'est le moulage sur l'objet même qui est seul dangereux et qui a donné lieu à tant de fabrications modernes que M. Basilewski lui-même, malgré les nombreux éléments de comparaison dont il dispose, éprouve tant de peine à distinguer.

Parmi les objets d'art en ivoire exposés par M. Basilewski, nous citerons la belle plaque, représentant trois personnages venant porter des cadeaux à un souverain. Au premier aspect, on dirait une adoration des mages ; mais on se trompe. Le souverain est mis comme un archange et tient une croix ornée. Rien n'est plus exquis que le sentiment général de cette œuvre qui vit encore du dernier souffle du grand art. Nous ne sommes pas encore ici dans la tradition byzantine sans mélange ; mais elle est déjà accusée. L'humilité des visiteurs est admirablement rendue ; l'expression de majesté du personnage principal est merveilleuse ; les draperies sont simples et harmonieuses, comme au plus beau temps du gothique. Un encadrement intéressant, formé d'ornements et d'animaux, complète l'ensemble de cet important morceau.

Une plaque bien originale, surtout pour la façon dont le sujet est traité, est celle qui représente, croyons-nous, un épisode de l'ancien Testament. Un fleuve, sur lequel débouche un navire, parcourt la plaque, de haut en bas. Le Seigneur se trouve au milieu du fleuve et un personnage marche vers lui, en traversant des groupes de pèlerins et de soldats.

On admire la naïveté qui donne à ce curieux travail une saveur spéciale ; l'absence de la plus simple notion de perspective aérienne accentue encore son caractère primitif et en fait un objet particulièrement intéressant, au point de vue de l'étude d'une époque qui nous a laissé si peu de monuments représentant des sujets, que les artistes, surtout les peintres, choisiront plus tard par prédilection.

Un byzantin nettement accusé, c'est la plaque où l'on voit deux anges sous un portique et qui soulèvent des tapisseries. Il y a, dans ce travail, tant de mouvement et de caractère, qu'on oublie volontiers son exécution molle et relâchée, pour ne voir que l'ensemble saisissant de l'œuvre.

Un *Urceus* d'Othon III, du Xᵉ siècle, en forme de cône tronqué, est digne de remarque encore. Il en est de même de plusieurs têtes de crosse, d'une statuette de vierge assise sur un trône à dossier, d'un polyptyque, édicule à deux étages, représentant le jugement dernier, et d'un bois d'élan dépouillé de son enveloppe brune — sa ressemblance avec les ivoires nous permet de le citer avec eux — et décoré d'une bordure composée de pampres, d'oiseaux et de rinceaux ; mais ces objets nous reportent vers une époque plus basse que les pièces dont nous avons parlé en premier lieu. On suit d'ailleurs, étape par étape, ce qui ne manque pas de charme, la marche du byzantin, à travers tout le moyen-âge, vers le gothique qui ira se perdre à son tour dans la Renaissance.

Dans l'art de l'orfévrerie, on a vu, parmi les spécimens exposés par M. Basilewski, des reliquaires, des croix de procession, des disques de consécration, des boîtes aux saintes huiles, des monstrances, des ciboires, des châsses, des paix, des ostensoirs, enfin les plus riches dépouilles des églises et monastères célèbres auxquels les artistes ont destiné tant de chefs-d'œuvre.

La suite de M. Basilewki est certainement une des plus importantes qu'on puisse admirer en fait de monuments importants des premiers temps du moyen-âge ; mais comme elle s'étend jusqu'au XVIᵉ siècle, ayant tout en abondance, statues de bronze, de bois, plaques d'évangéliaires, émaux, bijoux, faïences, cuivres, fers forgés, manuscrits, armes, sculptures, etc., nous sommes bien obligé de la quitter pour noter quelques objets importants, exposés par d'autres amateurs.

M. Maillet du Boullay, que nous retrouverons plus loin dans l'époque-Renaissance, est aussi un de ces délicats qui ne possède pas un objet d'art dont l'intérêt et l'importance ne frappent au premier abord.

Parmi les ivoires appartenant à M. Maillet du Boullay et qui témoignent d'un haut goût artistique, deux bras de croix sculptés ont particulièrement excité l'admiration.

Les ensembles des objets religieux, des meilleures époques, de MM. Stein, Seillière, Odiot, Bourdeley, Jules Gréau, Gavet, Vaïsse, Castellani, et de Mme la comtesse d'Anthenaïse ont fait les délices des connaisseurs.

Le fameux diptyque byzantin du musée de Chambéry, la Vierge en argent, appartenant à M. Odiot, le magnifique couvercle des fonts baptismaux de l'église St-Romain de Rouen — merveille de la sculpture en bois — un chef en argent de Mme Boisse, une curieuse Vierge en ivoire formant triptyque, envoyée par le musée de Lyon, les plaques d'évangéliaires de MM. Seillière, tous ces objets ont été appréciés, à juste titre, comme des documents archéologiques d'un immense intérêt.

Un grand Christ en bois, dont la provenance n'était pas indiquée, a donné lieu à des discussions au point de vue de l'époque. Une étiquette l'attribuait, si nous ne nous trompons point, au XI⁰ siècle. Cet important morceau de sculpture ancienne, rappelle, comme style et comme caractère, une autre figure en bois sculpté que nous avons admirée dernièrement dans la collection de M. Paul Jamarin, [1] l'infatigable et complaisant antiquaire, à qui l'archéologie doit déjà tant de bonnes trouvailles.

M. Julien Gréau, un collectionneur qui aime toutes les époques, à condition de ne choisir que ce qu'elles ont de meilleur comme il nous l'a déjà prouvé dans la section antique, - nous a fait lier connaissance avec des émaux cloisonnés de Limoges

---

[1] Rue de Clichy, n⁰ 35, à Paris.

dont on aurait grand'peine à trouver les équivalents, même dans les collections nationales.

Une crosse de St-Gauthier, premier abbé de St-Martin de Pontoise en 1069, représente, tout le long de la hampe formée de cercles juxtaposés, des scènes du nouveau Testament, sculptées en relief et à jour. Si l'attribution de cette crosse, établie depuis plusieurs siècles, est réellement exacte, il est difficile à comprendre comment une relique si importante n'ait pas encore pris place dans un musée public ; car, si nous ne nous trompons point, M. Strauss, le propriétaire de la crosse, ne s'occupe plus maintenant que d'objets se rattachant à l'histoire du Judaïsme et serait très-disposé à la céder.

Il suffit d'ailleurs, pour être convaincu que les études de M. Strauss sont exclusivement portées sur une spécialité, de voir la curieuse collection d'objets israëlites qu'il a exposée dans la salle n° 10 du Trocadéro.

Les manuscrits avec miniatures des premiers enlumineurs n'ont pas manqué à l'Exposition rétrospective. M. Firmin Didot a envoyé des livres d'heures et des psautiers des XIII° et XIV° siècles, parmi lesquels se trouve un psautier écrit au XIII° siècle par Foulque, un des copistes du monastère de St-Hubert, dans les Ardennes ; un manuscrit contenant des pièces et des instructions morales, provenant de la bibliothèque de Charles-Quint ; une histoire de l'ancien testament, et les *Révélations de Ste-Brigitte*.

Les vitrines de la ville de Troyes nous ont montré un manuscrit évangéliaire de 909, les *miracles de St-Benoît*, du XI° siècle ; un *St-Jérôme, speculum virginium*, du XIII° siècle, un psautier donné à Clairvaux par Henri, fils de Louis le Gros et le *Pastoral de St-Grégoire*. Grâce à M. Desnoyers, nous avons appris à connaître des fragments d'Eugyppius (VII° et VIII° siècles), des lectures et homélies, d'une époque également reculée, et les *Décrétales pour les escoliers de Paris* du XIII° siècle.

La ville d'Epernay a envoyé son fameux *Evangéliaire d'Ebbon*.

Un monument intéressant est l'épée attribuée à Hugues, vicomte de Meaux au xiie siècle, et exposée par M. de Longpérier. Cette arme porte l'inscription *Hugonis gladius ;* elle a toujours passé, pendant les siècles où elle a été conservée à l'abbaye de St-Faron de Meaux, pour l'arme d'Ogier le Danois, ainsi qu'en témoignent les écrits de Ducange, de Mabillon, de Toussaint Duplessis et du père Daniel.

Il nous faudrait renseigner encore quantité de pièces remarquables ; mais nous croyons que nous avons déjà donné une idée suffisante de l'importante réunion d'objets d'art se rattachant à l'époque byzantine et au moyen-âge féodal.

Néanmoins nous ne pouvons pas finir ce chapitre sans consacrer quelques mots à la numismatique et à la sigillographie, deux branches auxiliaires si utiles de l'histoire, et dont l'étude n'est pas suffisamment encouragée.

Nous l'avons dit déjà, M. Ponton d'Amécourt a exposé ses riches collections de monnaies d'or romaines, et de monnaies d'or frappées en Occident, depuis la chute de l'empire romain jusqu'à la fondation du second empire par Charlemagne. Il y a, dans les séries de M. Ponton d'Amécourt, des pièces uniques sans nombre et de première beauté. M. Gariel est venu compléter l'ordre historique par ses monnaies Carlovingiennes, une des plus belles suites connues. Ces collections étonnantes font envie à plus d'une grande administration de musée public.

Comme nous en sommes aux médailles et monnaies, il nous faut bien faire tort à la marche chronologique pour citer — puisque nous ne pouvons consacrer que peu de lignes à la numismatique — les magnifiques séries de la Grande-Grèce et de la Sicile, dans lesquelles figure le célèbre médaillon de Syracuse, appartenant à M. de Hirsch ; les médaillons contorniates de M. Ch. Robert ; l'ensemble de Gauloises de M. Changarnier ; les monnaies des principales dynasties royales Asiatiques, les Adchéménides de Perse, comprenant les célèbres Dariques d'or, les Sassanides, les rois Parthes, Arsacides, etc. de M. Hoffmann ; les suites numismatiques du moyen-âge de M. Gariel, inestimables comme ensemble complet; de M. Penchaud qui n'a malheureusement pas l'or ; de M. Paul Lambros d'Athènes, possédant les monnaies frappées en Orient par les croisés et autres princes latins, et la belle série de monnaies de Flandre de M. Van Peteghem.

Dans ces collections numismatiques on peut lire, comme dans un livre ouvert, toute l'histoire des monarchies et des peuples, sous lesquels les monnaies et les médailles ont été frappées.

Sous le rapport de l'étude du passé par les documents anciens, la Sigillographie mérite une place d'honneur. La science des sceaux compte malheureusement un très-petit nombre d'adeptes fervents, et malgré tout ce que Vredius, Goltzius, MM. Charvet, Demay et Alfred Maury, en ont écrit, les administrations publiques ne s'empressent pas trop de combler les vides de leurs collections scientifiques et artistiques par l'acquisition de monuments sigillographiques. Nous savons par la collection Dongé qui a étalé une partie de ses merveilles au Trocadéro, et par celle de M. Schuermans d'Anvers, tout ce qu'on peut apprendre par les sceaux. Nous parlons, bien entendu, des *matrices* qui sont les *œuvres personnelles*, presque toujours uniques, des artistes-graveurs de l'époque et non pas *des reproductions*, que M. Alfred Maury a le tort d'appeler des «sceaux», au lieu de les appeler tout simplement « empreintes de sceaux, » ne fût-ce que pour éviter toute confusion.

Ces matrices, œuvres déjà si originales, parfois par leur forme même, souvent par leur matière - on en connaît en or, en argent, en cuivre, en os, en ivoire, en pierres fines, - nous mettent au courant de l'histoire des communes, des bourgs, des abbayes, des confréries, des familles, des armoiries, des costumes, des mœurs, des langages, de l'architecture, et nous fournissent d'autres enseignements encore, trop longs à énumérer.

Quand on se trouve en présence d'une matrice en argent, à double face, comme celle exposée par M. le chanoine Pottier, de Montauban, et qui a servi à Jeanne d'Angleterre, comtesse de Toulouse, sœur de Richard Cœur-de-Lion, représentée assise sur une des faces du monument, datant du xii⁰ siècle, on est émerveillé de tout ce qu'un pareil objet d'art révèle à celui qui veut se pénétrer de son importance et l'étudier sous ses divers aspects.

MM. Lormier et Preux ont aussi exposé des monuments sigillographiques remarquables, quoique peu nombreux.

Nous croyons en avoir dit assez long sur l'intéressante époque dont nous avions à passer en revue les spécimens exposés au Trocadéro, pour qu'il nous soit permis de nous diriger vers les manifestations de l'art gothique que nous venons de côtoyer, plus d'une fois, dans notre rapide aperçu.

IV.

Il est curieux de suivre la transformation graduelle de l'art à partir du règne des Constantin jusqu'à la première moitié du seizième siècle.

La féodalité, au réveil de l'esprit de liberté, releva lentement sa main de fer sous laquelle les populations étaient restées courbées si longtemps. Le servage obligé finit à la longue et quand le travailleur put s'exercer enfin à autre chose qu'à la culture des champs, à la chasse ou à la pêche, labeurs exclusivement dûs à ses maîtres et oppresseurs, il devint artisan. Autrefois les arts, les lettres et les sciences avaient leur asile exclusif dans les monastères qui ont été pendant longtemps le sanctuaire du génie. Les circonstances ont changé bien des choses et aussi les moines.

Le travail intellectuel, tout en étant soumis encore à des entraves, devint cependant accessible aux masses. Les métiers, les corporations et les jurandes s'organisèrent, et l'esprit laïque, devenu producteur zélé, devait porter de mortelles atteintes au despotisme et au pouvoir fort.

Les épreuves auxquelles étaient soumis les membres des corps de métiers, firent souvent du simple ouvrier un artiste. Pour passer compagnon et maître, il devait produire « son chef-d'œuvre.» De là une émulation, un besoin de perfectionnement, une rivalité même, qui fit naître, en dépit des priviléges, cette multitude de belles choses qu'on reconnaît, au premier aspect, pour des spécimens uniques.

On n'arrive à cela que graduellement, comme nous l'avons dit ; si les objets civils se répandirent plus que de coutume, l'esprit artistique continua néanmoins à s'exercer de préférence à la création de sujets religieux. Le mal n'était pas grand : le mysticisme est l'exagération de la foi, mais il en est aussi la poésie, et l'art vit de poésie. Nous l'avons vu dans tous les temps.

Le Byzantin était grave, austère, majestueux. Sous des formes parfois incorrectes, on constate toujours le respect du sujet traité. On n'osait donner à un objet du culte ni la grâce, ni le charme, ou, pour mieux dire, on sent que les mains qui l'ont taillé, n'étaient pas celles de profanes, agissant autrement que sous des préoccupations spirituelles : pendant qu'il créait son œuvre, le moine-artiste pensait aux cieux.

Mais lentement l'austérité se relâche, à mesure que l'élément civil prend sa part des choses religieuses, et des préoccupations particulières se manifestent.

La triste période mérovingienne ne nous fournit pas matière à appréciation ; mais l'époque carlovingienne, dont les rares monuments, parvenus jusqu'à nous, font voir certain caractère étrange et saisissant qu'une sorte de grandiose sans forme accentue encore, se montre déjà libre des attaches anciennes. C'est la civilisation qui s'avance avec le superbe empereur d'Occident, puissant et magnifique. Après le partage de l'empire Carlovingien, sous ses indignes successeurs, la lueur s'éteint. En ce qui concerne l'art, le massif diminue. L'or et les brillants, l'ivoire et le marbre changent leurs proportions. La matière devient moindre et l'art se civilise en se popularisant.

Dès les premières élégances de l'ogival, on distingue le reflet d'une société nouvelle. La coquetterie s'introduit définitivement dans l'art.

A partir du XIIIe siècle déjà, quelques productions intéressantes nous donnent la mesure de ce que l'art libéral peut créer. Les armes montrent certaines intentions de luxe, les petits objets usuels gagnent du caractère, enfin l'intention artistique est sensiblement accusée. On voit que l'artisan crée avec goût pour une classe qui vient d'obtenir des droits à l'aisance, quoique ces droits ne soient encore que des priviléges. C'est le monde dans lequel il vit, dont il peut étudier les aspirations. Sans doute, c'est encore au seigneur que les jolis riens sont prodigués, mais la bourgoisie devenant riche veut imiter le luxe d'en haut; le besoin des parures se manifeste dans certaines classes où il n'avait jamais pénétré, et quand les «gens de métier » acquirent une puissance telle que les seigneurs eux-mêmes briguèrent l'honneur de faire partie des corporations ouvrières, les nouvelles fortunes voulurent étaler leur opulence. Elles se payèrent des trésors artistiques et en firent don aux églises. Les hôtels-de-ville, les halles, devinrent des édifices somptueux à l'égal des châteaux et des églises, qui eurent leurs décorations intérieures, leurs œuvres d'art. Les maisons civiles des marchands s'égayèrent par de sveltes pignons et leurs habitants encouragèrent les artistes. Plus la société s'émancipait, plus le niveau artistique s'élevait, et nous arrivons bientôt à ces partages de la richesse qui firent définitivement de la bourgeoisie une émule de la noblesse. On se rappelle cette reine de France, assistant à une fête de Bruges, qui se trouva tellement froissée du luxe des dames de son entourage qu'elle s'écria dans son dépit: « je croyais être seule reine et j'en vois par centaines à mes côtés ! »

On peut suivre cette marche historique de la société par les innombrables objets de destinations diverses, que l'Exposition du Trocadéro a étalés comme par enchantement. Il y en a pour tous les goûts.

Pour se faire une idée de l'alliance du beau et du gracieux – qui s'accentue davantage à mesure que la Renaissance avance – il suffit d'admirer dans la collection Basilewski les petits buis d'un caractère sérieux, malgré leur travail détaillé et fini comme

des dentelles. Remarquons bien ces objets tenant dans le creux
de la main plus facilement que l'argent qu'ils ont coûtés:
ils accusent certainement les mêmes artistes que les ouvrages
qui ont servi, sous des proportions plus importantes, à décorer
les églises et les chapelles. De ce nombre sont le reliquaire de
Sainte-Elisabeth de Hongrie, ce merveilleux spécimen d'orfévrerie française; la chasse en émail champlevé de Limoges, représentant les légendes de Sainte-Valerie et de Saint-Martial;
la statuette d'évêque bénissant et tenant la crosse qui forme un
magnifique reliquaire; une ravissante monstrance flamande,
ayant comme entourage seize médaillons émaillés représentant le Christ, la Vierge, deux anges et les douze apôtres, et
dont le pied est orné de six médaillons en émail translucide
sur relief; la superbe enseigne de la galère amirale de la flotte
Génoise qui fut battue par le doge Andréa Contarini en 1368,
enseigne qui lui revint comme trophée de gloire et qui porte,
sur un écu triangulaire, un Saint-Georges à cheval terrassant le
dragon, chef-d'œuvre sculpté en relief, d'un prix inestimable.

Est-il heureux, ce M. Basilewski, de pouvoir vivre ainsi de
cette double vie que procure l'entourage de tant de merveilles
réunies!

On est triste de ne pouvoir célébrer le nom des artistes
quand on voit, dans la collection des Rothschild, ces bijoux en
or translucide qui sont des monuments incomparables au point
de vue de la pureté de style, de la suavité de sentiment et de la
finesse de procédé, cette sainte-Barbe, statuette (ronde-bosse,
en buis) et cette autre figure sculptée de Vierge devant un prie-
Dieu, d'une expression idéale.

MM. Seillière aussi possèdent des chefs-d'œuvre de l'époque
qui nous occupe. Nous signalerons d'eux un reliquaire en cristal,
monté sur argent, avec ciselures superbes supportées par deux
anges massifs aux ailes déployées, d'une étonnante ampleur
de style, et la grande cuve de baptême en bronze, dont le contour est rempli de sujets et d'ornements richement exécutés:
elle est, sans contredit, un des plus beaux monuments artistiques
de l'Exposition.

On doit particulièrement signaler dans les vitrines de M. Odiot qui a su former, en peu de temps, une collection de premier ordre, et dont le goût exquis et les grands instincts archéologiques menacent les anciens collectionneurs d'une concurrence redoutable : une statue en cuivre de Jeanne d'Arc à cheval qui nous montre bien la fille des champs, forte et vigoureuse comme sa foi, au lieu de l'enluminée légendaire aux formes éthérées ; des triptyques en cuivre et en émaux ; des porte-cierges en champlevé ; un vase sacré gothique en argent, d'une finesse inimitable ; une statuette de moine flamand, en bois, d'une puissance et d'une pureté de lignes superbes.

Dans l'ensemble de M. Maillet du Boullay tout serait à noter ; mais on a particulièrement admiré une tapisserie ayant pour sujet le baptême du Christ, avec détails de paysage, sobre de couleur et correct de dessin comme une pièce de la Renaissance italienne ; un fragment de grande croix de procession (ou reliquaire) en argent, d'un caractère gothique si pur ; un petit page, sculpture en bois ravissante ; un marbre français représentant un groupe de Sainte-Anne, de la Vierge et de son fils ; une plaque en ivoire sur laquelle se trouvent, en beau relief, deux anges tenant un écusson parsemé de fleurs de lis, du plus adorable style français, époque gothique de transition ; une autre de caractère civil, sur laquelle on voit un jardin où des personnages se livrent à la danse et à l'amour. Le musicien qui fait trémousser la bande joyeuse est tranquillement assis, jouant de cette flûte à deux tuyaux que l'on rencontre souvent dans les œuvres de l'antiquité. Nous renseignons ce détail parce que l'instrument dont il s'agit, que l'on voit encore au Louvre sur la fameuse porte de Crémone du musée-Renaissance — si rarement accessible — a donné lieu à beaucoup d'études et de discussions. Voici donc un nouvel élément de comparaison acquis au débat.

Un petit tableau exposé dans la vitrine de M. Maillet du Boullay mérite aussi une description spéciale. C'est un des bijoux les plus exquis que la peinture flamande de l'époque des Van Eyck et des Memling nous ait légués.

Le sujet en est simple : la Vierge et l'enfant Jésus. La Sainte-Mère, appuyant les doigts sur les seins entrouverts, se détache sur une tapisserie rouge, à fond d'or. L'enfant joue gracieusement sur un coussin avec un collier de perles. Un moine en adoration, sans doute le donateur, en robe blanche d'une ampleur magistrale, tient une grande crosse de cérémonie. Un beau livre d'heures est ouvert devant lui. Le fond du tableau est formé d'une muraille ; on entrevoit, à travers une embrasure, un riant paysage. On ne saurait rien imaginer de plus doux et de plus harmonieux que l'ensemble des tons de ce tableau. La couleur de la muraille s'écarte, par gradation successive, du rouge foncé du petit coussin et nous montre une succession adorable de nuances intermédiaires. La robe de la Vierge est d'un bleu tranquille qui s'allie admirablement au ton dominant, d'une opposition flagrante, et qu'un artiste moins doué n'aurait pas su mettre ainsi en contraste, sans blesser la vue.

Il y a, dans cette petite merveille, une réunion de grâce, de douceur angélique, une candeur divine, que l'on ne retrouve pas ailleurs que chez les inimitables flamands de l'école gothique Brugeoise.

M. Bligny aussi aime à s'entourer des traditions de l'époque de ce bijou pictural. Il débute comme M. Odiot, c'est-à-dire qu'il débute en maitre. On a de lui des calices en or et vermeil, des vierges et des Christ en ivoire, des objets divers d'un grand mérite.

Les statuettes et groupes en bois peint et doré de M. Gavet sont aussi des œuvres d'art du meilleur choix.

M. Desmottes est un archéologue sérieux dont les préférences sont visibles ; il n'aime pas à sortir de sa spécialité. Il nous a montré des antiquités remarquables du moyen-âge, parmi lesquelles commandent surtout l'attention : un encensoir en bronze dans le style vénitien du xiii° siècle ; une statuette en bois, Sainte-Catherine d'Alexandrie, l'épée à la main, et un buste de Vierge douloureuse, peint et doré. La tête est en bois, mais le voile et les draperies sont en vrai tissu, trempé dans une pâte liquide que l'on déposait, toute humide encore, sur les parties préalablement sculptées ; on les réparait et on les terminait lorsqu'elles étaient sèches et raffermies.

Comme M. Desmottes, M. Victor Gay n'aime que le bibelot scientifique : celui qui porte son enseignement en soi. C'est un archéologue incorruptible, un vrai burgrave dans son genre, qui aime à ne pas sortir de son moyen-âge et dont on se figure le musée comme un château-fort ou donjon, auquel on n'a accès que par des ponts-levis. Mais, pour être antiquaire savant, érudit et exclusif dans ses recherches, M. Gay n'en est pas moins complaisant à communiquer le fruit de ses études et à donner d'utiles renseignements à ceux qui les lui demandent. Il serait complet pour nous, s'il ne nourrissait pas aussi le scrupule jaloux de se refuser aux reproductions photographiques .

M. Victor Gay a exposé dans ses vitrines, tout ce dont les ouvriers et les artistes de son époque de prédilection étaient capables. On y voit des petits émaux d'une rareté et d'une valeur inappréciable, entr'autres : — nous citons au hasard et sans ordre de date — un émail cloisonné du XIᵉ siècle ; une frise d'émail allemand du XIIIᵉ ; un émail champlevé italien du XVᵉ, représentant deux figures de femme ; un Saint-Côme en émail translucide ; une rondelle de harnais (émail hongrois du XIIIᵉ) ; un émail de niellure (école de Sienne du XVᵉ) figurant Saint-François recevant les stigmates ; un émail rhénan du XIIᵉ (les élus d'Israël marqués du Tau). On y admire aussi des plaques de houssure ; des mors de chape ; des bagues et bijoux ; des clefs ; des ceintures ; des bourses ; des montures d'escarcelle ; des fibules ; des affiques ; des plaquettes de chapeaux ; des moules d'orfèvres et de fondeurs ; des boites à thériaque ; des plombs historiés dont se paraient les pélerins. Enfin, la collection de M. Victor Gay est pour l'art du moyen-âge ce que celle de M. Carapanos est pour l'art antique.

Pour être complet, il nous faudrait parler des tapisseries et des meubles. Ces catégories étaient représentées au Trocadéro aussi richement que les autres ; mais l'Exposition de l'art ancien a duré trois mois à peine et il en faudrait presque autant pour l'étudier consciencieusement, ce qui n'était pas facile. On a disposé ces catégories, pêle-mêle, un peu partout, les meubles servant de décoration des salles et d'étalage pour certains objets et les tapisseries étant suspendues, tantôt dans les couloirs de passage, tantôt au-dessus des vitrines qui absorbaient toute l'attention, généralement d'après leur rang de taille, sans distinction sérieuse d'époque ou de fabrication. On a pu voir que l'arrangement des tapisseries a été confié à des mains ayant l'amour de la symétrie, mais peu au fait des exigences de l'histoire de l'art.

Nous avons hâte d'ailleurs de nous délecter aux trésors de la Renaissance, dont on a rarement vu un plus merveilleux ensemble.

V.

Les XVme et XVIme siècles ont donné aux productions artistiques de certains pays – surtout aux Pays-Bas, à l'Allemagne et à la France – un style particulier que l'on désigne sous le nom de « gothique ». Il se distingue surtout par une grande sévérité de lignes qui ne sont pas exemptes de raideur, et par un sentiment pur et élevé, – sorte de noblesse sereine, d'un charme exquis et naïf. L'Italie seule est restée affranchie de ce caractère spécial. C'est à peine, en cherchant bien, qu'on trouve quelques reflets du gothique dans les œuvres de cette époque. L'art italien était personnel, sans influence du dehors. Éclose sous le souffle magique de ce qu'on est convenu d'appeler « l'école primitive », la Renaissance nous apparait radieuse avec sa sublime trainée de chefs-d'œuvre. Ghiberti, Verrochio, Finiguerra, Donatello, Pisanello, le Pérugin, Mino da Fiesole, Luca della Robbia, Michel-Ange, Raphaël, Jean de Bologne, Benvenuto Cellini et tant d'autres viennent donner à l'Italie une royauté artistique absolue qu'aucun parti pris n'a jamais osé lui contester.

Cette puissance créatrice s'était manifestée depuis longtemps déjà, et quand les autres nations cherchaient encore la beauté de la forme, l'Italie avait vu naitre tout un monde d'art, tout un peuple d'artistes inimitables. On a donné à cette période d'exubérance, dont les anciens seuls avaient fourni un exemple, le nom de « Renaissance » parce que l'art était revenu aux traditions pures de l'antiquité, à la vérité, à l'inspiration, à la correction. L'art renaissait en effet.

L'Exposition du Trocadéro nous a fait voir un ensemble sans pareil d'œuvres de cette période. Bien des objets dont nous avons parlé dans le chapitre précédent auraient dû prendre place dans celui-ci; mais la délimitation était difficile, surtout pour ceux des autres pays, que l'on classe peut-être à tort, malgré leur caractère particulier, parmi les productions de la Renaissance italienne.

M. Frédéric Spitzer avait une salle à lui seul. Tous les objets de cet heureux collectionneur mériteraient d'être signalés et analysés; mais comme nous n'avons d'autre but que de faire un aperçu succinct, il nous est impossible de nous arrêter longuement à toutes les richesses qui nous ont ébloui.

Parmi les pièces les plus remarquables exposées par M. Spitzer, nous devons une mention spéciale aux dix-huit frises en marbre, sculptées en haut relief par Alfonso Lombardi, en 1508, pour Alphonse d'Este, second duc de Ferrare et mari de la célèbre Lucrèce Borgia. Si l'art adoucit les mœurs, il faut admettre des exceptions, puisqu'il n'a pas su affaiblir les instincts de cruauté de cette triste héroïne, dont le buste forme le centre d'une des frises. Ces sculptures, provenant du palais de Sossuolo, ancienne résidence des ducs de Modène, peuvent prendre place parmi les fiers chefs-d'œuvre de l'époque, sans en excepter même les plus importants et les plus connus des musées publics.

La suite des armes et armures de la galerie Spitzer est aussi une des plus belles connues. Nous citerons de cette suite une double cuirasse ayant appartenu au comte d'Essex, le favori de la reine Elisabeth, portant ses initiales entrelacées, surmontées de la couronne d'Angleterre, et une armure à pouff et jupon, genre d'une rareté bien grande: on n'en connait, parait-il, que deux autres spécimens. Les gravures, les ciselures, les damasquinures, les incrustations des armes et armures de M. Spitzer sont, en général, d'une valeur artistique inestimable.

Il en est de même des objets en fer forgé de ce collectionneur : serrures, clefs, montures, plaques, tout autant que de ses statues en bronze, de ses pendules et montres anciennes, de ses cuirs gravés et frappés, etc. Tout y est hors de pair.

Ne quittons pas la collection Spitzer, sans appeler l'attention sur un étonnant ensemble d'instruments de mathématiques, d'astronomie et de précision. Il est seulement regrettable que M. Spitzer ne se soit attaché qu'à la partie artistique de ces instruments. Pour rendre une série de cette nature réellement utile, il ne faut pas en négliger le côté essentiellement scientifique : il y a des pièces qui n'ont d'autre mérite que celui du renseignement, il est vrai ; mais une collection semblable ne saurait être complète que lorsqu'on veut se résigner à prendre tous les instruments indistinctement, artistiques ou non - sans faire double emploi bien entendu - à la seule condition qu'ils puissent apporter un document nouveau à la formation de l'histoire de la science à laquelle ils appartiennent.

Il y avait au Trocadéro quantité de bronzes italiens importants. MM. Seillière, Davillier, Dreyfus, Piot, Ephrussi en ont exposé de fort remarquables, à côté de ceux de M. Spitzer ; mais les plus beaux sont incontestablement les deux figures appartenant à M. Gustave de Rothschild et attribuées à Benvenuto Cellini. Ces cires-perdues sans rivales représentent, l'une : Hercule tuant l'hydre, l'autre : l'archange terrassant le dragon. Comme vigueur et caractère, il serait difficile de trouver deux chefs-d'œuvre aussi complets.

Le buste de Rinaldo Brunelleschi, exposé par M. Gérôme, doit être mentionné aussi comme une des perles des salles de la Renaissance. Rien n'est comparable à la vérité d'expression de ce bronze. On dirait le personnage vivant, et on ne se croirait pas en face d'une œuvre ancienne, tellement cet homme a l'air d'être des nôtres : voilà la puissance du vrai réalisme. Le modelé de ce morceau exquis est surprenant.

Le coffret dit « de Donatello » envoyé par M. Goldschmidt est, sans aucun doute, un des plus beaux exemplaires connus. Il est complet, d'une conservation intacte, d'une belle patine, et porte, au milieu des trois plaques principales, des médailles dorées qui lui donnent une provenance papale indiscutable.

Les faïences italiennes et françaises de MM. Basilewski, de Rothschild, de Seillière, Fau, Gavet forment un ensemble magnifique. On en trouve de Georges Andreoli, dit maestro Georgio et de ses fils, de Fra Xanto de Rovigo, de Horace de Fontena. Les fabriques de Gubbio, d'Urbino, de Caffagiolo, de Faenza, de Durato y sont largement représentées et y côtoient les œuvres d'origine française. Bernard de Palissy y brille par des échantillons superbes de couleur et de dessin. MM. de Rothschild nous ont montré une collection de dix pièces de faïence Henri II, au ton uni et monotone, simplement relevé par quelques traits ou filets, mais aux formes et dessins toujours incomparables comme grâce et élégance. En dehors de cet ensemble, M. Basilewski est le seul qui ait pu réunir quelques spécimens de cette belle faïence dont la valeur marchande est devenue fabuleuse. Autrefois on en trouvait encore des pièces, au prix de cent francs; actuellement il faut payer de beaux exemplaires vingt à quarante mille francs!

Les émaux envoyés par MM. de Seillière, de Rothschild et la ville de Chartres, ont permis aux spécialistes de se faire une idée complète du talent, bien varié et distinct il est vrai, de ces habiles artistes de Limoges dont les Raymond, les Léonard et les Pénicaud sont d'illustres représentants. Parmi quelques belles pièces de ce genre, exposées par M. Emile Barre, nous avons particulièrement admiré: un coffret portant sur ses diverses plaques les douze travaux d'Hercule, ainsi que les médaillons des personnages pour lesquels le coffret a été confectionné; deux belles plaques, ayant pour sujet des épisodes de l'histoire de Moïse; un beau vase avec pied à figures et arabesques dont le sujet principal est un combat de cavaliers, d'une forme très-élégante, et un petit coffret à émaux excessivement fins et délicats.

Les verreries françaises de M. Charvet, fabriquées principalement à Margerides (Corrèze) et les verres de Venise de la collection de M. Gavet ont fait naître bien des convoitises et des désirs non assouvis. Nous avons vu, plusieurs fois, les gardiens dans la triste obligation de devoir donner suite à l'ordre absurde et inexplicable qu'ils ont reçu d'empêcher de laisser prendre le moindre croquis ou dessin à l'exposition rétrospective. Il est des artistes et des industriels qui ont croqué quand même les formes de ces jolis spécimens, en les volant des yeux. Et voilà comment les mauvaises dispositions des commissions sont toujours frappées d'impuissance !

Dans chaque section, il y a un exposant qu'on peut considérer, non comme un simple collectionneur-dilettante, mais comme un archéologue intransigeant qui s'attache exclusivement à une époque ; il n'en sort pas, sous aucun prétexte, parce qu'il n'aime pas l'objet d'art uniquement pour sa richesse, pour sa haute valeur de spéculation, sujette encore à une marche progressive : il s'y attache exclusivement pour l'intérêt artistique que cet objet présente, pour l'enseignement qui en découle, comme document précieux de l'art qu'il étudie par prédilection. Ce sont les purs, et s'il sont sévères et souvent exclusifs, il ne faut pas leur en vouloir. Ils éprouvent, par la possession d'une œuvre d'art d'un coût absolument minime, le même plaisir que d'autres ressentent par l'acquisition d'une merveille de grande importance, pour laquelle il a fallu dépenser gros. Ceux-là ont un goût sûr et raffiné, et malgré certains dédains illégitimes, ils n'en sont pas moins respectables.

M. Gustave Dreyfus est de ce nombre, son exposition nous en fournit la preuve. Il a réuni dans ses vitrines la quintessence de tout ce que son époque favorite lui a paru remarquable, depuis la modeste plaquette en bronze jusqu'aux grandes œuvres de sculpture. Les principales pièces proviennent de la collection de M. Timbal, l'éminent artiste et collectionneur qui a su, un des premiers à Paris, faire naître le goût pour les petits monuments de la Renaissance qu'on avait toujours eu le tort de dédaigner, sous prétexte de menu-fretin ; M. Dreyfus continue

les bonnes traditions de celui dont lui vient son premier fonds
de collection et nous dirons même, sans crainte de démenti,
qu'il les a développées. Il est parvenu à former une suite de plaquettes et médailles des XV° et XVI° siècles qui n'a pas de rivale
parmi les collections particulières en Europe, et ce zèle a eu
un autre côté digne d'être mentionné : M. Dreyfus s'est attaché
à communiquer ses goûts à de nombreux amis qui sont deve-
nus collectionneurs comme lui.

Il convient encore de payer à M. Dreyfus un autre hommage
mérité : c'est qu'il a été pour M. de Longpérier un auxiliaire
dévoué et infatigable ; aussi le Gouvernement a récompensé
M. Dreyfus de son concours intelligent, en lui décernant de
hautes marques officielles de sa satisfaction.

Parmi les objets exposés par M. Gustave Dreyfus, il faut
mentionner, en première ligne, le buste en marbre (Dieti-Salvi
Neroni) qui porte la signature MINI et qui est daté de 1464. Au
point de vue de la grande vérité d'expression, c'est un pendant
au buste de M. Gérôme dont nous avons parlé. Tout est simple
et sans recherche dans cette forte œuvre. Le modèle jette à
gauche son regard pénétrant et on est instinctivement porté
à le suivre, tellement c'est nature ; la pose en général est d'ailleurs sans affectation aucune et l'on voit circuler la vie sous
les traits que l'artiste s'est attaché à rendre simplement
comme il les voyait. Rien, sauf l'art, n'est de lui ; il a tout
saisi d'un trait : la profondeur de l'intelligence, le caractère de
l'homme résolu. Les lèvres pincées sont d'un contour net et
franc, les narines se dilatent sous le souffle de la vie, on voit
la contraction des nerfs, le sang semble circuler en réalité sous
ces veines gonflées. On admire dans ce marbre, digne de l'antiquité, jusqu'à la laideur même, car le dessous de la figure,
dans sa vilaine réalité, aurait été insupportable sous le ciseau
d'un artiste médiocre. La tête attachée au cou ridé est effrayante
de vérité ; le modelé, obtenu d'un seul jet, est d'un faire étonnant.

Le buste de Béatrix d'Aragon, est d'une candeur naïve et touchante. Malgré le nez refait et les autres restaurations, on ne voit de cet objet d'art que son merveilleux ensemble. Une coiffure modeste (des cheveux à peine indiqués, gracieusement enfermés dans une sorte de filet), un vêtement austère qui complète l'harmonie des lignes, sont les seuls motifs qui ont servi d'entourage à cette tête si pure, d'un sentiment exquis et empreinte d'un mysticisme tout particulier.

Non loin de cette tête, comme pour lui faire contraste, nous en avons admiré une autre d'une expression plus gaillarde. Ce petit buste est bien celui d'une mondaine nettement accusée, au costume recherché ; le corsage à peine lacé est d'une riche étoffe brodée, retenue par une agrafe ; les cheveux roulés en bandelettes tombent sur le devant par deux touffes gracieuses et ont l'air de coiffer cette tête sympathique d'un mignon bonnet, qui ferait honneur à une modiste en renom.

Une œuvre adorable encore, c'est un buste d'enfant ; les lignes du pourpoint sont à peine accusés. La tête mutine et spirituelle est nue ; les cheveux en désordre flottent comme l'esprit sauteur de ce blond chérubin dont l'expression est des plus frappantes. On voit que l'enfant s'étonne et s'amuse d'une chose agréable qui fixe son regard.

Le bas-relief de Mino da Fiesole de M. Dreyfus réunit toutes les qualités du maître, sans aucun de ses défauts. Le dessin est aussi pur que le sentiment : c'est la nature dans son idéal. L'élégance des draperies, de la pose et des lignes forment un tout harmonieux. Le voile de la vierge retombe de son nimbe dans un mouvement aussi souple que la banderole que tient l'enfant. Un globe, surmonté de la croix, posé dans l'autre main, fait une heureuse diversion de lignes. Un simple détail de draperie touche la chaise dont on voit tout un côté et qui est d'une forme accentuant encore le caractère général du groupe. La Vierge et l'enfant fixent un même point et l'on voit bien qu'une seule et même pensée les domine.

Un bas-relief en bronze de moindre dimension, représentant

également une Vierge avec l'enfant, devant une sorte de balus-
trade à jour, est d'un style personnel, particulièrement intéressant. Un autre, en marbre, brille surtout par sa légèreté de
touche. La draperie n'est qu'un voile à peine accusé. L'attitude
de l'enfant qui tient la Vierge par la robe ajoute encore à la
naïveté de l'œuvre.

Les tableaux de l'époque primitive étaient peu nombreux ;
c'est encore M. Dreyfus qui nous en a fourni un des meilleurs
spécimens. L'œuvre représente Bentivoglio et sa femme ; on
ne voit pas la moindre pose dans les deux portraits, que le
peintre n'a pas groupés : il les a simplement placés l'un à côté
de l'autre, hardiesse que les artistes modernes n'oseraient pas
commettre. L'homme est coiffé d'un bonnet d'où se détachent
les lignes caractéristiques de la chevelure plate en vogue à
l'époque ; la femme aux cheveux blonds collés sur les tempes a
la tête modestement drapée par les plis d'une étoffe et n'a
d'autre ornement de costume qu'une garniture de perles partant du corsage et retombant élégamment sur son bras. Cet
ensemble simple et harmonieux est pourtant d'un aspect bien
riche, parce que la richesse est sortie du pinceau même du maitre,
rien que par un arrangement distingué et une couleur qui, par
son doux brillant et par la séduction qu'elle présente aux yeux
satisfaits, tient lieu de tout luxe. La sincérité qui s'échappe de
ces figures vivantes étonne et saisit.

Il suffit de se rendre compte de l'exposition de M. Gustave
Dreyfus pour se faire une idée des séries appartenant aux
autres amateurs de la Renaissance. On y parcourt la même
gamme ; c'est parfois une note plus riche, un chant plus
suave qui s'échappe de ce concert artistique délicieux, mais
jamais un ton criard ne vient troubler l'admiration. Tantôt
M. Piot nous arrête devant deux anges de Donatello, ou
devant une tête de Michel-Ange qui nous éblouit, même
dans le voisinage tapageur d'un plat à magnifique entourage
montrant la « Faustina Bella » ; tantôt le baron Ch. Davillier
nous ravit par un Andréa Riccio plus achevé et plus fin que
le faire ordinaire de ce maître vigoureux, par une terre cuite

qui rappelle les célèbres chanteurs de Lucca della Robbia, par une séduisante figure de Léda en cire de couleurs, par des verres églomysés, si rares à trouver quand on les veut de premier ordre ; tantôt M. Ch. Ephrussi nous fait admirer ses ravissantes statuettes de bronze et son beau buste de Midas, en majolique monochrome blanche ; tantôt M. Ed. Bonaffé nous fait jubiler devant les adorables objets de vitrine qu'il a réunis avec tant de goût délicat, tels que son baiser de paix d'un travail si fini et d'une monture si originale avec sa riche dorure ancienne, fraîche comme si elle datait d'hier, son Eve en cire, d'un modelé sans pareil, et son petit buste polychromé d'enfant à collerette. C'est toujours le même sentiment, la même vérité, le même style avec quelque différence relativement à la valeur, à l'importance ou aux dimensions de l'œuvre.

Nous ne pouvons donc que saluer en passant le marbre de Donatello, un St-Jean-Baptiste, appartenant à M. Thuret, l'Homme au bonnet, à M. Armand, le Saint-Sébastien doré à M. Lecomte, le Christ à la colonne à M. Marlay, œuvre en argent d'une finesse exquise, un superbe buste signé *Soderini opus mini*, une grande plaque ronde avec entourage d'anges et de guirlandes à M. Bardini, le rétable d'une si belle couleur et d'un si grand style à M. Lefrançois de Rouen, pour nous arrêter un instant devant le Mino da Fiesole à M. Gavet. Cette œuvre du grand artiste italien, remarquable par sa profondeur de sentiment, sa légèreté de main et la sévérité de son ensemble, est une des plus belles choses qu'on soit parvenu, dans ces derniers temps, à produire en public comme une révélation inattendue ; rien ne manque à cet incomparable bas-relief en marbre que les célèbres musées d'Italie envient à l'heureux possesseur : grâce, élégance, puissance, pensée, style, beauté, toutes les qualités du maître, souvent inégales dans d'autres œuvres, s'y trouvent réunies.

Une poupée, grandeur nature, appartenant à M. Albert Goupil, nous montre la splendeur du costume enfantin et la beauté des nuances des étoffes de l'époque, en permettant de juger d'un adorable ensemble offrant une figure complète en ronde bosse — corps et accessoires — absolument comme si l'on voyait une petite reine du temps, en chair et en os, sur le point d'aller à la promenade.

Le coffret exposé par MM. Rollin et Feuardent est une merveille. Il présente un extérieur étourdissant formé de vingt colonnes en pur cristal de roche ; les chapiteaux sont fouillés comme le plus fin travail de ciselure ; les ornements dorés de feuillages et d'oiseaux sont habilement conçus, ménagés et disposés ; le couvercle est garni d'un travail ingénieux de cabochons dont les reflets augmentent l'harmonie des couleurs. L'intérieur offre un parquetage ravissant obtenu par une combinaison de pierreries, de marbre et d'ivoire. L'ensemble de ce coffret est d'une grande élégance de lignes, et malgré cela il présente un aspect presque monumental.

Un bas-relief en pierre de Kelm que M. Charvet a envoyé au Trocadéro est un des plus importants morceaux qui aient été produits dans cette matière estimée. C'est du meilleur art allemand ; la composition offre des études de figures et d'attitudes en grand nombre et la conservation de l'œuvre est surprenante, eu égard à son incontestable authenticité.

On n'en finirait pas s'il fallait signaler tout ce que cet incomparable ensemble des salles de la Renaissance renferme de beau. Nous devons pourtant, pour éviter tout semblant de partialité, revenir à quelques noms que nous avons cités plusieurs fois déjà : il est juste que chacun ait autant que possible sa part d'éloges dûs aux efforts que l'on doit tenter pour rassembler des séries complètes ou l'intelligence du choix se réunit à une connaissance sérieuse d'une espèce et d'une époque artistique circonscrites.

De cette nature sont les séries d'armes de MM. W. Riggs, de Rothschild et Dupasquier ; les meubles de MM. Bardini et Buffeteau ; les émaux de M. Claude Lafontaine ; les ivoires de M. Stein qui délaisse parfois les productions appartenant à la haute curiosité scientifique pour réunir quelques sérieux spécimens de l'art agréable qui a donné de si riches objets de décoration intérieure et d'usage domestique, tels que des coffrets sculptés, des pendules gravées au trait — on dirait sur une couche d'or — des coupes et cristaux du plus grand mérite; les collections de clefs, serrures, entrées de porte, les fers battus et travaillés appartenant aux ensembles des grands fournisseurs de l'exposition, auxquels est venu se joindre avec autorité M. Locquet de Rouen. Toutes ces suites inestimables mériteraient une description spéciale, et plus d'un archéologue serait heureux de consacrer à chacune d'elles un chapitre détaillé. Nous pouvons à peine les signaler.

Autrefois, comme nous l'avons déjà dit, on semblait négliger les petits monuments de la Renaissance, qui sont cependant aussi dignes d'être réunis que les grandes pièces, et qui ont l'avantage, outre celui de présenter un égal intérêt pour les études, de prendre peu de place et d'être plus facilement accessibles à toutes les collections. Les médailles et les petits bas-reliefs de la Renaissance, plus souvent appelés « plaquettes », qui sont dûs aux mêmes artistes et au même procédé de cire perdue que les statues et les œuvres en bronze de grande dimension, ont trouvé heureusement un nombre plus considérable d'amateurs qu'autrefois. Les collections qui ont figuré au Trocadéro prouvent déjà le fait par lui-même; mais elles prouvent une chose plus consolante encore : c'est que généralement un goût distingué a présidé à leur réunion.

En effet, MM. Dreyfus, Spitzer, Aloïs Heiss, Armand, Dutuit, B. Fillon ont exposé des médailles et des plaquettes qui sont pour la plupart des bijoux d'art et de conservation. C'était vraiment plaisir à voir tous ces petits bronzes, aux patines variées, brillant dans leurs vitrines comme autant de témoins irrécusables de l'histoire. On les caressait là d'un œil jaloux, regrettant de n'en voir qu'un seul côté, en se rappelant les faits et gestes des hommes célèbres dont les têtes franchement modelées indiquent bien le caractère. Que de documents pour l'iconographie, que de renseignements pour l'étude du costume, que de figures inconnues dont la médaille et sa légende permettront de reconstituer la biographie ! On se réjouit à l'idée des services que le goût croissant de ces bibelots éloquents est destiné à rendre à l'histoire de tous les pays, et ce plaisir n'est altéré que par un seul regret : c'est celui de constater l'esprit d'imitation qui s'est ingénié avec un triste succès à produire de fausses pièces que malheureusement des amateurs éclairés, dans leur zèle et leur désir de possession, ont acquises souvent aux conditions des médailles authentiques et qu'ils continuent à considérer comme telles.

Nous avons remarqué, dans ce genre, un François Ier, à grand buste, appartenant à la petite suite autrement si remarquable de M. Dutuit, qui est absolument de contrefaçon, et un Charles-Quint en argent dans celle de M. Spitzer, de fabrication hollandaise moderne, ce qu'il est aisé de voir en examinant attentivement la légende aux lettres retravaillées et les coups de burin dans les cheveux. Rarement les artistes retouchaient leurs pièces après la fonte, et quand ils le faisaient, leur burin fouillait avec art le trait corrigé, tandis que le copiste, si habile qu'il soit, laisse toujours les traces de ses mains sacrilèges. On dirait qu'il n'a pu faire autrement que de trembler en commettant son larcin. Heureusement que ces imitations — qui sont faites, hâtons-nous de le dire à la décharge des estimables exposants, de façon à tromper les plus méfiants — n'étaient qu'en fort petit nombre au Trocadéro. Il en circule néanmoins beaucoup dans le commerce depuis que la Bibliothèque nationale de Paris permet de tirer des plâtres sur ses médailles ; nous croyons donc utile d'engager les amateurs à condamner, ou du moins d'y avoir égard pour l'appréciation de leur valeur, toutes les pièces qui ont été retravaillées, celles dont la patine est le produit récent d'un acide quelconque, ce qui se voit sans peine, et surtout celles dont les bords ont été limés ou torturés de façon à cacher la jointure des deux côtés de la médaille.

VI.

Il faut bien rompre le charme, et s'arracher à la contempla-
tion de ces beaux objets de la Renaissance.

Avant de nous occuper d'une autre période artistique — nous
voulons parler des époques Louis XIII et Louis XIV, — nous
devons nous excuser encore de devoir passer sous silence
beaucoup d'objets remarquables envoyés isolément par des
exposants qui, sans doute, n'ont pas formé une série suivie,
et dire quelques mots de l'époque de transition qui sépare la
fin du seizième siècle des premières années du dix-septième.

L'art italien, une fois dépassé la moitié du xvie siècle, ne va
qu'en déclinant, et déclinant toujours ; on croirait que Cellini
avait tout écrasé sous l'éclat de son talent et de sa renommée.
Pendant quelques années encore, la France marche sur les
traces de l'Italie ; mais ce reflet ne devait pas durer, puisqu'il
fut le résultat d'une cause exceptionnelle et passagère : c'est
que le luxe artistique dont François Ier aimait à s'entourer avait
fait venir à son appel bon nombre des principaux artistes
d'Italie et que, dès lors, l'art ne sortait pas des entrailles de la
nation.

Il n'en fallut pas plus, cependant, pour faire naître - une fois
le goût étranger éteint - un art assez personnel, produisant

certaines hautes individualités créatrices dont les principales se nomment Jean Goujon, Germain Pilon, Roussel, Philibert Delorme, Etienne Deleaune. Les faiblesses de l'école de Fontainebleau ne parviendront jamais à diminuer l'éclat des chefs-d'œuvre laissés par ces maîtres sincères, et malgré le relâchement de la forme et les exagérations maladives d'une époque de décadence que rien ne pouvait arrêter, certaines productions non attribuées encore prouvent qu'ils appartenaient à une phalange glorieuse dont tous les disciples ne sont pas connus : témoin la Vierge que les soins et le dévouement désintéressés de M. Timbal ont permis d'acquérir pour les collections du Louvre.

S'il en était ainsi en France, il en était de même dans une partie des Pays-Bas, - en Flandre et en Brabant surtout ; mais il est à croire que les artistes s'exerçaient de préférence aux productions monumentales, si l'on en juge par l'exposition du Trocadéro. On y a vu peu des spécimens de ces artistes dont on trouve des chefs-d'œuvre exquis dans les églises et les musées de certaines villes (1). C'est un vide pour l'histoire de l'art qu'un chercheur courageux devrait traiter le plus tôt possible. Ce vide est d'autant plus déplorable que l'art, à partir du XV\ :superscript:`e` siècle, avait cessé, un peu partout, d'être anonyme comme autrefois ; il est à espérer que les études n'en souffriront plus longtemps, puisqu'on peut assez facilement suivre les artistes et les traces de leurs œuvres en compulsant les archives publiques.

La fin du règne d'Henri IV — époque de transition réelle jusqu'aux premières années du règne de Louis XIII — nous montre la décadence en plein. Il y a bien, par-ci par-là, des artistes exceptionnels comme Dupré (dont on connaît tant de belles médailles) qui, fortement nourris des traditions de la Renaissance, s'attachent à lui rester fidèles ; mais ces revenants restent à peu près isolés.

Sous Louis XIII et Louis XIV, c'est le règne des arts de

---

(1) Nous ne parlons pas des œuvres de peinture auxquelles il faudrait naturellement consacrer une publication spéciale.

l'ameublement et de la décoration. On conçoit, dès lors, que le Trocadéro, à part quelques tapisseries dont le garde-meuble de l'État a fourni le principal contingent, ne pouvait nous fournir des éléments d'étude suffisamment variés pour en faire l'objet d'un examen spécial. Les collections publiques seules renferment ces éléments.

Il est cependant juste de reconnaitre que les objets se rattachant à ce qu'on appelle l'art de la céramique étaient excessivement nombreux ; nous avons eu l'occasion de parler de quelques séries appartenant à une époque circonscrite, en nous réservant de choisir le moment pour nous occuper des suites complètes exposées. Les collections céramiques traversant presque toutes les époques, nous ne pouvions alors nous y arrêter, sans faire tort à la marche chronologique de notre travail.

Parmi ces collections, il convient de citer celles de MM. Dupont-Auberville, Delaherche, Gréau, Lebreton, Lefrançois, De Liesville, Maillet du Boullay, Gasnault, le comte Lair, Georges Martin, les barons Seillière, Vincenot.

M. Dupont-Auberville à qui les études artistiques doivent déjà tant de laborieuses recherches sur les étoffes, et qui s'occupe en ce moment de réunir tous les documents concernant l'histoire des *arts du métal*, surtout les modèles, s'est attaché, en dehors de cette spécialité, à former un ensemble qui donne une idée exacte de la marche progressive de l'art céramique. On y trouve des pièces de la plus haute importance.

Les collections de MM. Dupont-Auberville et De Liesville suffiraient, à elles-seules, pour écrire une notice complète sur la matière.

Les faïences de Rouen ont trouvé un somptueux refuge dans les vitrines de M. Maillet du Boullay et de M. Lefrançois. L'un et l'autre de ces collectionneurs ont réuni des suites inestimables. Parmi les pièces appartenant à M. Maillet du Boullay, il faut citer le grand plat fabriqué à Sincenay (Aisne), avec bordure à fruits et centre décoré d'une figure de Callot, ainsi que le fameux plat à bordure bleue couverte d'arabesques jaune-orange.

Dans la vitrine de M. Lefrançois, tout serait à citer, car elle ne contient que des pièces hors ligne.

Après avoir consacré une mention spéciale au merveilleux ensemble des faïences de Delft appartenant au Dr Mandl, et à l'adorable figure en ronde-bosse de Palissy, une mère allaitant son enfant, au baron Davillier, nous aurons passé en revue cette partie intéressante de l'Exposition.

Il conviendrait encore, avant d'aborder notre chapitre final sur l'art au siècle dernier, de parler des salles orientales et des sections comprises sous la désignation générale : « Ethnographie des peuples étrangers », mais l'art des contrées lointaines ne nous intéresse que comparativement, et les parties de l'Europe que nous aurions voulu voir figurer avec éclat au Trocadéro, comme l'Espagne et la Belgique, nous ont donné plus d'une amère déception.

Cette partie de l'Exposition universelle était loin d'être complète, surtout pour justifier une qualification aussi sérieuse que celle d'*Ethnographie des peuples étrangers*, et les vastes horizons qu'elle faisait entrevoir pouvaient être facilement embrassés par les plus courtes vues. On n'était pas en droit d'exiger, il est vrai, un concours important de la part des nations aux frontières éloignées, puisqu'il y avait des obstacles matériels sans nombre à vaincre, mais on a été tristement surpris de voir l'art ancien dans la section de Belgique, pays limitrophe, faire si misérable figure au Trocadéro.

Sauf une belle série d'instruments de musique et quelques objets provenant de confréries anciennes, nous n'avons vu qu'un assez étrange assemblage d'objets appartenant à un M. De Vaere, que les étiquettes des vitrines renseignaient comme un antiquaire habitant la ville de Gand, mais qui faisait plutôt l'effet de provenir d'un vieux fonds de brocanteur parisien.

Il est regrettable que la Commission belge — dans laquelle figuraient cependant des archéologues compétents, comme M. Eugène Dognée — n'ait pas mis un plus beau zèle à réunir un ensemble sérieux d'objets d'art flamands qui heureusement ne font pas défaut au pays.

C'est d'autant plus fâcheux que les antiquaires français s'intéressent beaucoup aux productions artistiques anciennes des Flandres et du Brabant et éprouvent une grande satisfaction à les étudier comparativement aux manifestations de l'art bourguignon qui a une grande analogie avec l'art flamand. Il serait curieux d'approfondir les causes de cette ressemblance ; les ducs de Bourgogne, qui étaient aussi les comtes de Flandre d'autrefois, faisaient-ils venir des artistes de la partie de la France dont ils étaient les maîtres, ou les Flamands étaient-ils attirés en Bourgogne, pour y travailler aux ordres du prince ou de grands seigneurs de sa cour ?

La question vaut la peine d'être sérieusement étudiée, d'autant plus que la cheminée du Franc de Bruges et les mausolées de Marie de Bourgogne et de Charles-le-Téméraire, ces deux chefs-d'œuvre sans pareils, figurent par un fidèle moulage au musée du Louvre, ce qui prouve que l'intention de rapprocher l'art flamand aux XVᵉ et XVIᵉ siècles de l'art français à ces époques est péremptoirement manifeste. C'est l'unique reproduction en plâtre — que l'on doit à l'utile institution de la Commission des échanges en Belgique — auquel le Louvre ait fait les honneurs d'une exposition publique à côté des œuvres originales.

Le vide de l'art ancien dans la salle affectée à la Belgique sautait plus fortement aux yeux en le rapprochant du grand nombre et de l'éclatante qualité des objets flamands appartenant aux collections de particuliers français exposées au Trocadéro. Il ne faut pas qu'on donne à supposer que la Belgique se laisse entièrement dépouiller des témoignages de son passé comme l'Italie de nos jours, car on ne voit nulle part mieux qu'à travers les objets d'art flamands cet esprit d'affranchissement des classes bourgeoises, à une époque où l'on contrariait encore, partout ailleurs, l'expansion de l'esprit et du talent des masses populaires ; nulle part le goût artistique, qui marque l'affranchissement des peuples, n'était plus manifeste que dans ce pays de Flandre où toutes les nations du monde venaient déverser leurs richesses, où l'art se développait sans cesse avec la fortune de la bourgeoisie, qui vint bientôt porter ombrage aux puissances d'autrefois : les maisons féodales et les congrégations religieuses.

VII.

L'éclat des dorures, des pierres précieuses, des métaux, des vernis artistiques, nous montre que nous sommes aux règnes de Louis XV et de Louis XVI, les dernières étapes que nous aurons à parcourir.

Ce qui frappe d'abord, c'est la splendeur des objets mobiliers que le garde-meuble de France a envoyés à l'exposition ; en les admirant, on est saisi d'un regret qui se traduit en une question dont la solution ne paraît guère difficile : pourquoi les objets si nombreux, actuellement sans destination, que l'on entasse dans les salles inaccessibles du garde-meuble national, ne sont-ils pas réunis dans un grand local, musée ou autre, ouvert au public à de certaines heures, ne fût-ce que le dimanche pour commencer ? Ce serait pour la France à la fois l'occasion de montrer ses richesses cachées et de fournir des éléments d'étude aux arts professionnels que l'heureuse vulgarisation des notions du dessin développe sans cesse. Il importe, nous semble-t-il, que ce développement s'attache d'emblée aux exigences du bon goût et s'inspire des traditions artistiques par la comparaison des chefs-d'œuvre faisant partie des souvenirs historiques du pays.

Les petits objets de vitrine ne manquaient pas aux spacieuses salles affectées aux collectionneurs des bibelots du siècle

dernier. Ils jetaient gaiement leurs notes et reposaient l'attention au retour des promenades à travers le grand art. On se
sent de suite à l'époque de la coquetterie pure. C'est le règne
des femmes poudrées, des courtisanes du grand monde, des
boudoirs parfumés, des galanteries spirituelles. Tout est petit
et maniéré ; il y a du goût, du joli, comme dans tout ce qui
veut plaire, mais il y manque le souffle. On y pense bien aux
abbés mignons, mais nullement aux grandes cathédrales avec
leurs vastes nefs abritant les œuvres inspirées qui commandent le respect et s'accommodent aux chants de l'orgue ; nous
sommes dans une serre où le soleil inonde de ses chauds reflets
les jolies fleurs aux couleurs chatoyantes.

C'est le bibelot dans tout son raffinement, le bibelot entouré
d'or, d'argent, de pierres fines et de matières précieuses.

L'art dans l'antiquité — nous l'avons vu — atteint les plus
hautes régions du beau ; au moyen-âge, le temps des fortes
convictions religieuses et des poésies sentimentales, il se manifeste par des œuvres douces et pures dont la naïveté traduit si
bien l'époque ; à la Renaissance, il montre une grande exubérance créative et, dans sa liberté d'inspiration, retourne de
nouveau aux formes idéales du classique. Il jette alors de vives
clartés qui s'éteignent dans le faux éclat des règnes tapa-
geurs ; il fait grand, mais ce n'est que par les dimensions.

Le mauvais goût est à son apogée sous Louis XIV. C'est
pourquoi on ne trouve presque rien de cette période — sauf des
miniatures sur émail de Petitot — dans les vitrines des amateurs qui s'attachent avant tout au beau et à l'agréable. Ce
sont les arts du métal, et surtout l'orfèvrerie, qui paraissent
éteints et se jettent dans le plus mauvais style qui soit. Il est
vrai que les décrets somptuaires ont fait porter au creuset
d'innombrables objets d'or et d'argent, sous prétexte d'imposer
un frein au luxe ; mais il n'est pas à supposer que beaucoup de
chefs-d'œuvre fussent au nombre des victimes des rois qui,
dans leur impuissance, essayaient de frapper le faste dont ils
avaient eux-mêmes tant abusé.

On comprend aisément les vides que l'on constate dans cette exposition rétrospective alimentée par ceux qui ont eu le libre choix pour la formation de leurs ensembles d'objets d'art et de curiosité, mais cela gêne un chroniqueur : il craint d'être accusé, lui, d'avoir fait un trou dans l'histoire. Il faut pourtant bien se résigner et s'en aller, tout penaud, d'étape en étape, au petit, au vraiment petit.

Mais ce petit est réellement si joli, si charmant, qu'on s'y attache, car il n'a absolument rien de vulgaire, et qu'on se décide volontiers à faire comme les collectionneurs du Trocadéro qui, après avoir vécu dans les régions austères, ferment les portes massives du temple et entrent avec leur clef d'or au boudoir parfumé.

En effet, tels noms de passionnés de l'Antique ou de la Renaissance se trouvent aussi sur les vitrines dans lesquelles s'étalent les tabatières et les éventails.

Il nous serait difficile de signaler toutes les belles séries de « bibelots de vitrine » qui ont figuré au Trocadéro, d'autant plus que la plupart des collectionneurs — nous en avons déjà fait l'énumération à notre premier chapitre — rivalisent indistinctement de bon goût. On dirait d'un concours renouvelé de la mythologie, où la pomme n'est décernée qu'aux plus belles. L'embarras est grand et le berger Pâris est loin.

Parmi les séries les plus remarquables, il convient de citer, en première ligne, les médaillons en terre cuite de Nini appartenant à M. Gariel. Il a fallu réellement la patience d'un numismate pour réunir un ensemble aussi complet d'un maître inimitable, dont les œuvres, d'abord déclassées à cause de la matière, deviennent tous les jours plus recherchées des vrais connaisseurs. Mme Mandl aussi s'est attachée à cet élégant sculpteur et a réuni les portraits d'Elisabeth Leray de Chaumont, Catherine de Russie, Franklin, (tête nue) Charles, prince de Beauvau, Voltaire, Louis XV, Charles de Mosnac et autres personnages célèbres.

Les groupes en Saxe, exposés par M. Maurice Kann, sont d'une splendeur inouïe ; il serait difficile, nous semble-t-il, de trouver une collection plus remarquable, car elle répond à toutes les exigences : le bon goût dans le choix le dispute sans cesse à la valeur artistique réelle, à la finesse des couleurs, à la richesse de l'ornementation. La collection de M. Maurice Kann était un des grands attraits de cette partie de l'exposition.

Dans les vitrines de MM. E. André, Maze-Sencier, Josse, Vincent, Martin Coster, Duvanchel, le marquis de Tuisy, Fétis, Camille Groult, Vial, Mlle G. Fillon, il faudrait mentionner plus d'une merveille. On y trouve, — à côté des étuis et des boîtes en vernis-martin, des coffrets, des bijoux, des bonbonnières, des éventails, des objets de fantaisie en cristal de roche, des cachets et breloques en or et en argent, — des spécimens de tous les maîtres de la miniature et même des assiettes décorées de vieilles chansons, paroles et musique, qui semblent sourire là comme un reflet de la bonne humeur de l'époque.

Pour donner une simple idée de l'importance des collections de boîtes et miniatures, il nous suffira de dire qu'une seule — celle de M. Vincent — renferme des chefs-d'œuvre de Petitot, Fragonard, Greuze, Hall, Isabey, Eisen, Van Blarenberghe, Dumont, Van Pol, Baudouin, Laurent, Drouais, Thiboust, Heinsuis, Vestier, De Marne, Saint, Soiron, Perin, Charlier, Augustin, Van Dael, Van Spaendonck.

M. Gustave de la Hante n'avait qu'une petite vitrine dans cette salle du Trocadéro : elle contenait tout au plus une quinzaine de pièces, mais quelles pièces ! Plusieurs Van Blarenberghe de la plus belle eau, un ou deux Petitot, un émail digne de Watteau et, aux boîtes et miniatures, des entourages ravissants, autant de bijoux émaillés qui, détachés du sujet principal, seraient merveilleux encore.

La collection de montres exposée par M. Olivier est incontestablement une des plus curieuses et des plus intéressantes qu'on puisse voir : on y trouve les montres de Henri III, de Boucher, de Robespierre et parmi celles sans le nom du possesseur d'autrefois, — bibelots charmants qui ont marqué les heures sombres et joyeuses, et dont l'histoire serait intéressante à connaître — il en est plus d'une qui parle à la fois d'un propriétaire opulent et d'un artiste inimitable.

Tout ce qui appartient à la fine ciselure a trouvé en M. Vial un zélé chercheur. Sa collection possède des petits sceaux gravés, des cuillères, des coupes, des entourages de flacons, qui sont de petits bijoux de premier ordre.

Quelques beaux bustes du XVIIIe siècle décoraient les salles : celui de M. L. Cahen représentant une petite figure d'enfant au regard mutin, à la figure spirituelle, dans laquelle on reconnaît toute la finesse du ciseau de Houdon, mérite d'être cité en première ligne. Les bustes appartenant à Mme la baronne de Romand et à M. Ch. Ephrussi sont aussi des sculptures charmantes.

Nous voici maintenant arrivé à la fin de notre tâche. Quoique plus d'une conclusion serait à tirer de cette revue rapide des trésors artistiques exposés dans les salles du Trocadéro, le lecteur nous permettra de le laisser à ses propres réflexions. Pour le grand art, tout ce qu'on pourrait dire encore a été dit déjà avant nous et les enseignements à en tirer viennent à l'esprit de tous ; mais pour la partie que nous venons de traiter en dernier lieu, celle qui concerne les bibelots de vitrine du siècle dernier, il convient de constater l'heureuse émulation qui distingue les amateurs. Leur goût, nous le répétons, est généralement fin et exquis et en voyant réunis tous ces jolis riens dont la date de création est si près de nous et sur lesquels la science historique n'a pas encore à s'exercer — il faut pour cela que l'œuvre du temps s'accomplisse — on est heureux de pouvoir constater que tout ce qui est beau est recherché, conservé, et qu'aucune manifestation artistique, si petite qu'elle soit, quand elle est agréable, honnête et sincère, n'est destinée à être oubliée ou perdue. Que les artistes, les artisans de nos jours pensent donc fièrement à l'avenir. S'ils ont parcouru les salles du Trocadéro, ils doivent s'être assurés que, s'ils le méritent, ils seront classés et discutés un jour.

Et maintenant que ceux qui trouveront à redire, parce que notre travail est arrivé à sa fin beaucoup de temps après la fermeture de l'Exposition, probablement après la dispersion de plusieurs ensembles auxquels nous nous sommes arrêté, nous répondrons simplement qu'il en est de même de tous les travaux paraissant par fractions dans les organes périodiques. Certains de nos confrères continueront leurs études longtemps encore après nous. Une revue mensuelle, pour publier vingt articles, doit mettre vingt mois où une publication quotidienne ne met qu'autant de jours, cela tombe sous le sens. L'Exposition de l'art ancien au Trocadéro a duré quelques semaines à peine, mais cela ne veut point dire qu'il ne faudrait pas plusieurs années pour bien l'étudier et bien la décrire ; une exposition peut finir à jour fixe, mais une impression reste et on peut la traduire quand on veut.

Nous sommes, en finissant notre travail, dans une situation contraire à celle de ces gens qui, sortant d'une fête dont les préparatifs ont duré longtemps, s'écrient avec regret : « Et dire que tant de temps et d'argent ont été dépensés pour quelques heures de plaisir ! »

Ici rien ne s'évanouit et le chroniqueur, dont l'œuvre reste, doit même savoir fixer le temps, en ne demandant parfois qu'une bien modeste récompense : celle d'acquérir la certitude d'avoir su fixer l'attention.

Havre. — Imprimerie Lepelletier, rue Séry, 47.